不動産鑑定士

黒沢 泰 著

土地利用権における鑑定評価の実務

Q&A

清文社

はしがき

　昨今、法人・個人にかかわらず、不動産に関する関心が従来以上に高まっています。なかでも、他人の土地を利用することによって、法人が事業目的を遂行する、あるいは個人が住生活を営むというような不動産の利用形態は、権利関係の把握などが複雑なため、鑑定評価の際に判断に迷うケースが多く見受けられます。他人の土地を利用する権利の代表格は借地権（建物所有を目的として長期にわたる利用契約を結ぶもの）ですが、その他にも、他人の土地を利用する権利の例として、次のようなものがあげられます。

　・定期借地権（建物所有を目的とするが更新のないもの）

　・一時使用の借地権、使用貸借（いずれも借地借家法は適用されない）

　・法定地上権（抵当権の実行によって生ずるもので、借地借家法の適用がある）

　・民法上の賃借権（構築物等の所有を目的とし、借地借家法は適用されない）

　・地役権（通行地役権、眺望地役権、用水地役権等）

　・囲繞地通行権（公道に至るまでの他人の土地の利用権）

　・区分地上権（上空または地下の一部の利用権）

　・温泉権（温泉利用権）

また、権利とはいえないまでも、契約期間が満了し契約の更新がないときに、賃借人が賃貸人に対して建物を時価により買取請求権を行使した際に、賃借人に帰属する経済的利益（場所的利益）の補償が認められたケースもあります。

　事業活動や日常生活において、このような権利の存否や評価額の問題が多く指摘されていますが、現行の不動産鑑定評価基準では借地借家法が適用される借地権（定期借地権は除く）及び区分地上権を除き、明確な規定は置かれていません。そのため、実務でこのような案件に遭遇した場合、評価

額を求めるに当たっての拠り所を見つけるのに迷うケースもありますが、これを詳しく解説した書籍は少ないのが実情です。

　そこで本書では、他人の土地を利用する様々な権利（あるいは経済的利益）において、どのような点を拠り所に評価を行えば合理的といえるかについて、裁判例も交えながら解説を試みることとしました。

　本書が、不動産鑑定士をはじめ、弁護士、税理士、不動産業者、企業や官公署の不動産担当者等の方々の参考となれば幸いです。

　なお、最後になり恐縮ですが、本書の刊行に当たり株式会社清文社 立川佳奈様に大変お世話になりましたことを、紙上を借用しお礼申し上げます。

　　　2021年11月吉日

不動産鑑定士　黒沢 泰

CONTENTS

第1章
土地利用権と経済的価値

第2章
借地権とその価格
～借地借家法が適用される普通借地権～

第3章

定期借地権とその価格

第4章

借地借家法が適用されない土地利用権

第5章
その他の土地利用権

第6章
場所的利益とその価格

第7章
土地利用権と
表裏一体となる権利

※本書は、2021年10月1日現在の法令等に基づいています。

第 **1** 章

土地利用権と
経済的価値

1 土地利用権とは

Q 本書で取り上げている土地利用権とは、どのようなものですか。

A 本書で取り上げる土地利用権とは、他人の土地を使用させてもらう権利のことをいいます。

解説

1 土地利用権の種類

　土地利用権といっても、所有権に基づき自分の土地を自由に利用できる権利と他人の土地を使用させてもらう権利とがあります。本書で取り上げているのは後者の方です。その理由は、今日、不動産に関する権利意識が従来以上に高まりつつあるなかで、他人の土地を利用することにより事業活動を行ったり、住生活を営むことに関心を持つ人が増えているからです。すなわち、不動産の利用形態の多様化という現象です。それとともに、実際に行われている土地の利用状況をみる限り、駐車場や一時使用賃貸借のように恒久的な利用を前提としないもの、設備等の設置のために賃貸借が行われているもの（民法上の賃借権）、土地上に他人の通行権が設定されているもの（通行地役権等）などをはじめ様々な形態が存在します。

　これに対して、不動産鑑定士が評価の拠り所としている不動産鑑定評価基準では、所有権以外の権利に関しては、借地権及び区分地上権の鑑定評価についての規定を置いている以外に特段の規定を設けていません。そのため、不動産鑑定士あるいは業務上で評価に関わりを有する人が土地利

用権の価値について相談を受けた場合、 それが目に見えないものであるだけに、 判断に迷う経験をしたことがあるのではないでしょうか。

　このように、 一概に土地利用権といっても、 その経済的価値を判定する際に基準となる実務的な指針が存在しないケースについては、 不動産鑑定士の個別的判断により根拠付けを行いながら実務に対処しているのが実情であると思われます。 その際、 該当するケースに類似する裁判例があれば、その結果を参考にすることもあります。 また、 相続税評価に適用される財産評価基本通達では、 所有権以外の土地利用権についても画一的な評価規定を設けているケースがあるため参考になりますが、 相続以外の一般の取引に適用する場合には、 市場性等の観点から検証や判断を加える必要があると思われます。

◨ 土地利用権の区分

　土地利用権の経済的価値を評価する場合、 以上で述べたような難しい課題も多く存在しますが、 これらを体系的に著した書籍が極めて少ないと思われるため、 本書ではこれを取り上げることとしました。 本書の執筆方針として、 内容の客観性を維持するため、 不動産鑑定評価基準に規定のない土地利用権の評価については、 実務慣行（先例）を重視してその根拠を検討しました。

　まずは、 土地利用権の体系を見渡した上で具体的に検討していきます。

　なお、 本書で使用している土地利用権という言葉は民法や借地借家法には登場してきませんが、 筆者は、 ある人がどのような権利に基づいてその土地を利用しているのかを示すキーワードであると考えています。 **図表1-1** に土地利用権の区分とその体系を掲げます。

図表1-1　土地利用権の区分

所有権（※本書の対象から除きます）

土地利用権

　借地権
　　借地借家法が適用される普通借地権
　　　（借地借家法第 3 条）

　　旧借地法の借地権（旧借地法第 1 条）

　　定期借地権
　　　一般定期借地権
　　　　（借地借家法第22条）
　　　事業用定期借地権
　　　　（同法第23条）
　　　建物譲渡特約付借地権
　　　　（同法第24条）

　　法定地上権（民法第388条）
　　　（借地借家法の適用あり、期間30年。借
　　　地借家法第 3 条）

　所有権以外の権利等
　　使用借権(民法第593条)
　　一時使用目的の借地権（借地借家法適用対象外、借
　　　地借家法第25条）
　　民法上の賃借権（民法第601条）
　　地役権（民法第280条）
　　区分地上権（民法第269条の2）（区分地上権に準ず
　　　る地役権も含む）
　　その他の権利（囲繞地通行権（＝公道に至るための
　　　他の土地の通行権）（民法第210条）ほか）
　　温泉権（行政法規としての温泉法は存在しますが、
　　　財産権としての権利関係を規制したものではあり
　　　ません）
　　場所的利益（権利というまでには熟成されていませ
　　　んが、経済的価値の補償対象とされています）
　　（判例）

※　この図表では、本書で取り上げている権利を中心に整理しています。

チェックポイント

1. 土地利用権には、所有権と所有権以外の権利があります。

2. 所有権以外の権利の評価は、「目に見えないもの」を対象とするという点で難しく、かつ評価差も生じやすい傾向にあります。

3. 不動産鑑定評価基準では、所有権以外の権利に関して、借地権及び区分地上権の鑑定評価以外には具体的な評価規定を置いていません。

2 土地利用権の様々な形態

Q 土地利用権には、図表1-1に掲げたような様々な形態があります が、全体をとらえるには、どのように考えればよいですか。

A 土地利用権のなかには、所有権に基づくものと、所有権以外の 権利や利益に基づくものがあります。

解説

1 所有権

　所有権は、法令の制限内において、自由にその物を使用、収益及び処 分することのできる権利です（民法第206条）。不動産に関していえば、あ る人が当該不動産（土地や建物）を自由に使用、収益及び処分し得る物権 であるといえます。

2 所有権以外の権利　～借地権～

　これに対して、同じく不動産を使用するといっても、その形態には所有権 以外の権利に基づくものが数多くあります。最も典型的なものが、他人の土 地を借りて使用する権利、すなわち「借地権」です。

　ただし、一概に借地権といっても、借地上に建物を建てて土地を使用す る場合には借地借家法が適用されますが（一時使用の借地権は除く）、建物 所有を目的としない場合には借地借家法は適用されないため、どちらの形

態に属するかによって借主保護の度合いが著しく異なってきます。

　また、借地権の形態にも普通借地権（旧借地法の時期に設定された借地権も含む）と定期借地権の2つがあります。どちらも借地借家法が適用されるものの、定期借地権の場合は期間が満了しても更新がない点で、普通借地権とは本質的に異なります。

　さらに、以上で述べてきたような当事者間の任意の契約による借地権の設定とは別に、抵当権の実行によって、土地建物の所有者が異なる結果となったことにより、法律上生じた法定地上権という制度もあります。なお、法定地上権の場合にも借地借家法が適用されますが、その期間は「30年以上」でなく、「30年」とされています。借地借家法第3条によれば、契約で期間を定めたときは30年以上、定めのないときは30年となります。法定地上権の場合、契約で期間を定めているわけではありません。

３ 所有権以外の権利 ～借地権以外～

　借地権以外にも、他人の土地を利用する権利は多数あります。例えば、使用借権、一時使用目的の借地権、民法上の賃借権（構築物のように建物の所有を目的としない土地の賃貸借）、地役権、区分地上権（区分地上権に準ずる地役権も含む）、囲繞地通行権（現行民法では「公道に至るための他の土地の通行権」という）、温泉権（源泉地の所有者と温泉権者が別人の場合）等があります。また、権利というまでには熟成されたものではありませんが、借地上の建物の買取請求権が行使された場合に補償の対象となる場所的利益（第6章を参照）についても、それが実質的に敷地利用権に類似するものであると考えれば、経済的価値の判定に当たっては他人の土地の利用権に準じてとらえてよいと思われます。

チェックポイント

1. 借地権といっても、一時使用目的や建物所有を目的としない借地権の場合は、借地借家法が適用されず借主保護の度合いが著しく低くなります。

2. 当事者間の任意の契約による借地権とは別に、抵当権の実行によって法律上生じた法定地上権もあります。法定地上権にも借地借家法が適用されますが、法定地上権は、一定の成立要件を満たさなければ成立しない点に留意が必要です（第 2 章11を参照）。

3. 民法上の賃借権とは、建物の所有を目的としない土地の賃貸借（構築物所有目的等の場合）がその対象となります。

4. その他の様々な権利（利益）についても、経済的価値が認められる場合と認められない場合の区別が必要です（第 3 章以降を参照）。

3 評価に先立つ権利の存否の確認

Q 土地利用権の評価に先立って、対象とする権利が実際に存するかどうかの確認が重要となりますが、どのような方法で確認すればよいでしょうか。

A 対象とする権利が実在するかどうかの確認は、登記事項証明書や契約書など、様々な手段によって行います。

解説

1 対象不動産の確認

評価の対象とする権利が実際に存するかどうかの確認は、鑑定評価の手順でいえば「対象不動産の確認」に該当します。

不動産鑑定評価基準では、案件を受付けた後の基本的事項の確定から鑑定評価額の決定ならびに鑑定評価報告書の作成に至るまでの手順について、**図表1-2**のとおり定めています。このなかで、「対象不動産の確認」という項目は、「鑑定評価の基本的事項の確定」において特定された鑑定評価の対象とされる土地利用権が、間違いなく存在するか否かを見極めるために欠かすことのできない項目です。

鑑定評価で「対象不動産の確認」と呼ぶ場合、現地調査等で対象不動産の物的状況や権利の態様を確認することを意味し、目に見えるもの（形状、道路付け、面積等）と目に見えないもの（権利とその内容）の確認の2つを含んでいます（**図表1-3**）。そのため、本書でもこれらを併せて述べることとします。

図表1-2　鑑定評価の手順

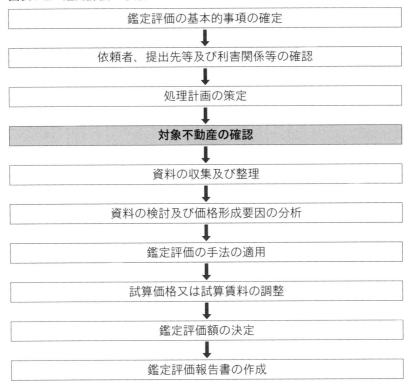

```
┌─────────────────────────────────────┐
│         鑑定評価の基本的事項の確定         │
└─────────────────────────────────────┘
                    ↓
┌─────────────────────────────────────┐
│      依頼者、提出先等及び利害関係等の確認      │
└─────────────────────────────────────┘
                    ↓
┌─────────────────────────────────────┐
│            処理計画の策定              │
└─────────────────────────────────────┘
                    ↓
┌─────────────────────────────────────┐
│            対象不動産の確認            │
└─────────────────────────────────────┘
                    ↓
┌─────────────────────────────────────┐
│           資料の収集及び整理            │
└─────────────────────────────────────┘
                    ↓
┌─────────────────────────────────────┐
│       資料の検討及び価格形成要因の分析       │
└─────────────────────────────────────┘
                    ↓
┌─────────────────────────────────────┐
│          鑑定評価の手法の適用           │
└─────────────────────────────────────┘
                    ↓
┌─────────────────────────────────────┐
│        試算価格又は試算賃料の調整         │
└─────────────────────────────────────┘
                    ↓
┌─────────────────────────────────────┐
│           鑑定評価額の決定            │
└─────────────────────────────────────┘
                    ↓
┌─────────────────────────────────────┐
│          鑑定評価報告書の作成           │
└─────────────────────────────────────┘
```

図表1-3　対象不動産の確認

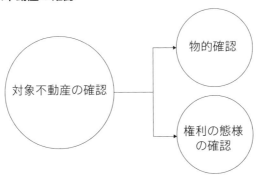

11

2 第一段階で行う確認 〜物的確認〜

物的確認に当たっては、登記事項証明書（登記簿謄本）、土地または建物等の図面をはじめとする確認資料を持参して照合することが重要です。なお、不動産鑑定評価基準では、物的確認に関して以下のとおり定めています。

> ● 不動産鑑定評価基準
>
> Ⅰ　対象不動産の物的確認
>
> 　対象不動産の物的確認に当たっては、土地についてはその所在、地番、数量等を、建物についてはこれらのほか家屋番号、建物の構造、用途等を、それぞれ実地に確認することを通じて、第1節により確定された対象不動産の存否及びその内容を、確認資料（第5節Ⅰ参照）を用いて照合しなければならない。
>
> 　また、物的確認を行うに当たっては、対象不動産について登記事項証明書等により登記又は登録されている内容とその実態との異同について把握する必要がある。
>
> （総論第8章第4節Ⅰ）

3 第二段階で行う確認 〜権利の態様の確認〜

本項でのメインはこの項目です。すなわち、対象不動産が所有権の対象となっている場合はもちろんのこと、所有権以外の権利が付着している場合には、これらをすべて明瞭に確認しておく必要があります。なぜなら、それぞれの権利について価格が形成され得ることにより、権利の存否の確認が鑑定評価額に直結するためです。ここで確認を誤ると、実在しない権利を評価したり、実在する権利を評価しなかったりすることになります。権利の態様は物的な状況の確認とは異なり、目に見えないだけに細心の注意を

払わなければなりません。 不動産鑑定評価基準では、 権利の態様の確認に関して、 以下のとおり定めています。

● 不動産鑑定評価基準

Ⅱ　権利の態様の確認

　権利の態様の確認に当たっては、 Ⅰによって物的に確認された対象不動産について、 当該不動産に係るすべての権利関係を明瞭に確認することにより、 第1節により確定された鑑定評価の対象となる権利の存否及びその内容を、 確認資料を用いて照合しなければならない。

(総論第8章第4節Ⅱ)

　鑑定評価の対象となる権利あるいは対象不動産に付着している所有権以外の権利は、 登記されているものばかりではありません。 なかには、 登記されていなくても第三者による敷地内の通行が事実として行われており、 所有者による使用収益が制約されているケースもあります。 このような場合、 土地価格に減価が生ずることがあるため、 登記事項証明書に記載されていない権利であっても、 現実の利用状況の調査や関係者からの聴取を通じて、 権利の存否やその内容の把握に努める必要があります。 なお、 登記されていない権利であっても、 関係者間で合意書や確認書を取り交わし、 所有権移転時にその権利義務を継承させている例も多く見受けられます。

　以下、 土地利用権の代表的な形態である借地権を例に、 権利の存否やその内容の確認方法を解説します。

（1）登記事項証明書における土地建物所有者の異同

　土地の所有者と建物の所有者が異なっていることを確認します。 ただし、 両者が異なっていても、 使用貸借の関係にある場合、 借地権は存しないことに留意が必要です。

（2）建物所有を目的とする地上権または土地の賃借権に該当するか

　評価の対象とする権利が借地借家法の適用を受ける借地権に該当するか否かは、それが建物所有を目的とする地上権または土地の賃借権に該当するか否かによります。ただし、（7）で述べる内容と関連しますが、地上権は物権であり、借地人にとって強力な権利であるため、一部の例外を除き、実際にこれが設定されていることはほとんどありません。実務的には、土地賃貸借契約書により、有償での土地の貸し借り（土地の賃貸借）が行われていることを中心に確認します。

（3）借地契約における内容の確認

　建物の堅固・非堅固の別（木造、鉄骨造、鉄筋コンクリート造等の区分）は、借地契約に必ずといってもよいほど記載される事項です。これを契約書に明記することにより、建物の種類を特定し、これに相応する契約期間を定めることが主な狙いです。

　現行の借地借家法では、建物の堅固・非堅固に関係なく契約期間は一律30年と定められていますが、旧借地法では、期間の定めを行っていない場合は堅固建物で60年、非堅固建物で30年が契約期間とみなされます。

　なお、期間の定めの有無が問題となるのは、主に旧法下で締結された借地契約の場合です。すなわち、旧法では契約で期間を定めない場合、堅固建物については60年、非堅固建物については30年の契約とみなされますが、期間を定める場合は堅固建物で30年以上、非堅固建物で20年以上に短縮できる旨が定められていたからです。

　借地契約書が作成されている場合、実際には期間を定めていないケースはほとんど見受けられませんが、期間の定めの有無は権利の確認として極めて重要です。

（4）借地契約における用途の確認

　借地契約では、建物の用途を定めておくことが一般的です。

　借地借家法は建物の用途（例：住宅、店舗、事務所、工場、倉庫等）に関係なく適用されますが、契約で用途を特定しておかなければ賃貸人に不測の損害を生じかねません。特約で借地人の用法違反による解除条項を設けている例が多くあり、状況次第で権利の存否にも影響を及ぼします。

（5）借地契約における特約条項の確認

　前記（4）は、特約条項のうち目的外利用の禁止に該当しますが、これ以外にも、借地権の無断譲渡・転貸の禁止、増改築時の貸主の事前承諾等が付されていることが多く、確認を要します。

（6）契約の形式

　契約は書面で交されるケースが多いといえますが、なかには契約書が当初から存在しないか、存否が不明のもの（相続により借地契約上の地位を引き継いだ場合等）もあります。このような場合、地代授受の事実は領収書等により確認します。あるいは、契約当初は口頭で賃貸借がなされていて、更新時にはじめて書面を作成したというケースも珍しいことではありません。

（7）借地に関する登記の有無

　登記の有無を調査することは極めて重要であり、改めて述べるまでもありません。ただし、一概に登記といっても、借地権に関する登記と建物自体の登記が考えられます。

　まず、借地権（ただし、定期借地権を除く）の登記に関しては、地主がこれを承諾しているケースはほとんどないといってよいでしょう。ただし、地主が寺院等の場合、土地賃借権等の登記に応じている例があります。

借地権が地上権である場合は地主の承諾を要せず登記を行うことができますが、このような賃借人にとって強い権利を地主が設定することは、通常では考えられません。また、賃借権であっても登記を認めることは、地主に不利な結果を招く恐れがあるため、これに応じていないケースが大半です。

　このような実情を考慮して、借地借家法（旧法を含む）では、借地上に建物の登記があれば借地権の登記がある場合と同等の取扱いをする旨定めています（借地借家法第10条）。そのため、借地権及び借地権付建物の評価に際しては、建物登記の有無（表示登記のみではなく、所有権保存登記または所有権移転登記の有無）を十分に確認する必要があります。

　また、なかには、建物が登記されていても、土地の地番とは無関係の家屋番号が付されている例もあります。このような場合、未登記と間違える可能性があり、慎重な調査が求められます。

（8）契約上では借地期間が満了し、更新契約が取り交わされていない場合

　借地契約のなかには、期間が満了しても何らかの事情で更新契約が取り交わされていない場合もあります。しかし、期間満了時点で現実に建物が存在し、借地人に用法違反等がなければ借地権は存続しているケースが多くあります（法定更新）。

（9）普通借地権か定期借地権かの区別

　鑑定評価の対象となっている借地権が普通借地権であるか、定期借地権であるかにより、価格に大きな影響を及ぼすため、これを確認することが重要です。定期借地権の場合、あえてこれを普通借地権と区別するために登記をしている例も見受けられます（権利部の乙区欄に登記内容が記載される）。

チェックポイント

1. 登記事項証明書により、土地建物の所有者が異なっていることを確認します。ただし、これだけで借地権があると判断することはできません。

2. 借地借家法の適用を受ける借地権とは、建物の所有を目的とする地上権または土地の賃借権です。建物の所有を目的としない賃借権や使用貸借（地代は無償）は、借地権には該当しません。

3. 契約書上では期間が満了していても、建物が存在する限り契約が更新されたものとみなされ、借地権が存続しているケースが多くあります（法定更新）。

4. 契約書が存在しない場合、賃貸借の事実確認のため、地代の授受を領収書等により把握する必要があります。

5. 借地上の建物の登記の確認は不可欠です。

6. 定期借地権の場合、あえてその旨の登記を行い、普通借地権との区別を周知させようとしている例もあります。

4 土地利用権と経済的価値の有無

Q 土地利用権があるからといって、必ずしもそれに経済的価値があるとは限らないと聞きました。この関係をどのように理解すればよいでしょうか。

A 土地を利用する権利に経済的価値が認められるためには、不動産鑑定評価基準の要件を満たす必要があります。

解説

1 土地利用権と経済的価値との関係

　鑑定評価の依頼案件のなかには、借地権をはじめとする土地利用権の評価を伴うものが相当数あり、通常の売買や賃貸借と同様に、訴訟以外の場面でも民法や借地借家法との密接なつながりが認められます。したがって、不動産の鑑定評価では、これらの法律や借地権等の評価に関する知識や経験による判断は避けて通れないものとなっています。

　しかし、民法や借地借家法（旧借地法も含む）は法的な側面から借地借家に関わる利用規制を行うものであり、借地権や借家権等の経済的な価値の取扱いに関しては、全く規定を置いていません。なぜなら、このような経済的な問題に関しては、法律が一律に規定すべきではないと考えられているためです。このような事情は借地権や借家権だけでなく、土地利用権全般に関しても共通するものがあるように思われます。

　このような事情も手伝って、借地に関しては権利金、地代水準及び借地

権の価格や更新料等につき、借家に関しては敷金（保証金）、家賃水準及び借家権の価格等につき、弁護士や税理士等から不動産鑑定士が意見を求められる機会も多くなっています。

そこで、不動産鑑定において留意しなければならない点は、権利（土地利用権）があるからといって、必ずしもそれに経済的価値があるとは限らないということです。

借地権と借地権価格（借地権の経済価値）との関係に特化した解説は第2章で改めて行うこととし、ここでは土地利用権一般について考えてみます。

2 経済的価値が認められるための要件

不動産鑑定評価基準の最も基本的な原則として、総論第1章第1節のなかに、「不動産の価格は、一般に、（1）その不動産に対してわれわれが認める効用（2）その不動産の相対的稀少性（3）その不動産に対する有効需要の三者の相関結合によって生ずる不動産の経済価値を、貨幣額をもって表示したものである。」との記述があります。これらは、目に見える物的な対象としての不動産だけでなく、目に見えない土地利用権についてもそのまま当てはまるものです。すなわち、土地利用権に経済的な価値が生ずるためには、上記（1）から（3）の3つの側面を有することが必要です。逆に言えば、これらを検討することにより、土地利用権に経済的価値が認められる場合と、土地利用権という権利はあっても経済的価値が認められない場合との区別が可能となります。

不動産鑑定評価基準の趣旨をさらに咀嚼すれば、不動産に経済価値が認められる条件は、以下のとおりです。

・その不動産がわれわれの欲求を充足し得る能力（有用性）を持っていて、その不動産にわれわれが働きかけることによって日常生活や経済活動に役立てる

こと、すなわち、その不動産に何らかの効用が認められること
・その不動産の存在量がわれわれの欲求との相対的関係において有限であり、その不動産を手に入れるためには何らかの経済的犠牲（対価等）を払わなければならないと認められること
・その不動産に対する有効需要、すなわち購買力の裏付けを持った買手が市場に存在すること

［出典］公益社団法人日本不動産鑑定士協会連合会監修、公益社団法人日本不動産鑑定士協会連合会鑑定評価基準委員会編、『要説不動産鑑定評価基準と価格等調査ガイドライン』住宅新報社、2015年10月

　土地利用権をこれに当てはめた場合、まず、他人の土地を利用することにより、自分の所有地（あるいは借地上の建物）の便益を高めるという点で効用が認められます。

　次に、経済的価値が認められるためには、その権利を手に入れるための対価等の支払いが必要となります。

　さらに、その土地利用権に対して、有効需要（購買力の裏付けを持った買手が市場に存在する）を伴うことが必要であり、これはその権利が市場で取引の対象となることを意味します。すなわち、取引慣行の存在です。契約により土地利用権が認められていても、それが市場において取引の対象とならなければ、経済的な価値は認められないことになります。

　ただし、使用借権の場合、対価は無償であり譲渡性もありませんが※、定められた期間内であれば借地人は独占的に土地を使用できることに着目して、経済的利益の補償を行うケースがあります。

　※　使用借権がこのような性格を有することから、相続税の財産評価では「土地の使用貸借に係る使用権の価額は、零として取り扱う」こととされています（個別通達「使用貸借に係る土地についての相続税及び贈与税の取扱いについて」（直資2－189、昭和48年11月1日））。使用借権に対する補償は、これとは全く別の視点に立つものです。

チェックポイント

1. 権利面に関しては、法的な取扱いと経済的な側面（経済的価値）とを区別して考える必要があります。

2. 対象とする権利に経済的価値が認められるかどうかは、不動産鑑定評価基準の原則（効用、相対的稀少性、有効需要）及びその権利に経済的利益が生じているかの見地から判断します。

5 土地利用権に経済的価値が認められる場合とその程度

Q 土地利用権に経済的価値が認められる場合でも、その程度を具体的な金額（定量的な割合）で示す場合、どのような目安で判断すればよいでしょうか。

A 土地利用権を具体的な金額で示すには、更地価格にその地域の利用権の価値割合を調べてこれを乗ずる方法があります。

解説

1 経済的価値が認められる理由

　前項で述べたとおり、一般的には、法律上の権利とその経済的な価値の表現である価格とは区別されています。すなわち、権利があれば価格があるとは必ずしもいえないということです。しかし、法律的な側面と経済的な側面が全くの無関係ではないところに難しさがあります。

　例えば、借地権の場合、取引上その価格が認識されるためには、基本的な前提として借地権者が法的に大きな保護を受けていることがあげられます。借地権者にとって、このような利益がなければ、それが相当の対価を伴う取引の対象とはならないでしょう。

　このように考えれば、使用借権の場合も、借地人に対する保護の程度が弱いとはいうものの、建物所有を目的とする場合には、借地人には比較的長期間にわたり無償で土地を使用できるという利益が生じています。また、建物が存在するため、容易に他の場所に移転できないという点で場所的利

益も考慮する必要があります。 そのため、 使用借権といえども、 税法上の扱いは別として、 ある程度の価格を認識することも受け容れられないことではないといえます。

　借地権や使用借権だけでなく、 他人の土地を利用することにより、 利用権者に何らかの利益が生じている場合、 これが経済的な価値の認識の対象となりますが、 争点となるのはその程度がどのくらいの水準かにあります。 加えて、 価値の認識対象が物理的なものではなく権利そのものであり、 その度合いが計算式で自動的に求められるものではないことから、 必然的に判断の結果に幅が生じ得るため、 評価を一層難しいものとさせています。

2 経済的価値の程度

　■で述べたような理由から、 土地利用権の評価、 特に価値割合の判断に当たっては、 次に掲げる事例及び資料等から導き出された最大公約数的な割合を一つの目安に、 対象とする権利の強弱、 発生している利益 (便益) の程度を勘案の上、 反映させる方法が実務的に有用と思われます。

　(ア) 過去に権利設定された類似事例のなかから規範的と考えられる割合
　(イ) 裁判例 (非訟事件における裁判所の決定例を含む) において採用された割合
　(ウ) 相続税路線価図の借地権割合及び実際の取引割合等

　その際に留意すべき点としては、 このようにして判定された結果は一つの方向性 (目安) を示すものであり、 その根拠となる考え方は評価に携わる者が明確に裏付けなければいけないという点です。

　例えば、 不動産鑑定評価基準では、 借地権の鑑定評価に当たり、 借地権の取引慣行の成熟の程度が高い地域においては、 次の試算価格を関連づけて鑑定評価額を決定するものとしています。

　① 借地権及び借地権を含む複合不動産の取引事例に基づく比準価格

② 土地残余法による収益価格

③ 当該借地権の設定契約に基づく賃料差額のうち取引の対象となって
いる部分を還元して得た価格

④ 借地権取引が慣行として成熟している場合における当該地域の借地
権割合により求めた価格

本項で述べてきた実務的な方法は、上記④に該当するものであり、不動
産鑑定評価基準に定める手法の一つであって全部ではありません。上記④
の手法で求めた価格と上記①から③までの手法で求めた価格との相互関連を
分析した上で、最終的な結論を導くことが要求されます。ただし、上記④の結
果は、実際の借地権の取引市場を反映する点で、重視される傾向にあります。

借地権以外の土地利用権に関しては、区分地上権以外は不動産鑑定評
価基準に具体的な定めがなく、実務的には前記（ア）から（ウ）のような考
え方を活用して価格を求めているのが実情と思われます。もちろん、その結
果だけではなく、試算過程における根拠付けも求められます。

チェックポイント

1. 「法律上の権利」とその「経済的な価値の表現である価格」とは別
の概念ですが、全くの無関係ではないところに難しさが潜んでいます。

2. 法律上の権利に価格が認識されるためには、権利者に法的な保護に
裏付けられた何らかの利益が生じていることが必要です。

3. 利益の程度を定量的に判断するのは容易ではありませんが、土地利用
権を評価する場合、その判断を避けて通ることはできません。

4. 判断の目安として、過去の権利設定事例、裁判例、相続税路線価図
の借地権割合及び実際の取引割合等が実務的に有用といえます。

5. 定量的に判定した結果を理論的に根拠付けることで、説得力が増しま
す。

第2章

借地権とその価格

~借地借家法が適用される普通借地権~

1　借地借家法が適用される普通借地権とは

Q 借地借家法が適用される普通借地権とは、どのような権利を指すのでしょうか。

A 建物を建てる目的で土地を借りる場合がこれに該当しますが、すべてのケースで借地借家法が適用されるわけではありません。

解説

1 借地の契約形態の確認

　借地権は、その取引慣行のある地域においては多額の金銭の授受を伴って取引されていますが、借地権と称されていても、取引慣行のない地域においては金銭を伴って取引されるわけではありません。

　また、一概に借地権といっても、それが建物の所有を目的とする場合もあれば、それ以外のもの（例えば、設備や構築物）の所有を目的とする場合もあります。さらに、借地借家法が適用されるといっても、定期借地権の場合、旧借地法の時期に設定された既存の借地権のように経済的対価を伴う取引慣行は、現時点では形成されていません。一時使用の借地権（一時使用賃貸借）や駐車場目的の賃貸借の場合も借地借家法は適用されず、契約時に権利金が授受されることはまず考えられません。

　したがって、借地権の価格の評価を行うには、その権利をどのように評価すべきかという手法の検討に入る前に、対象とする権利が経済的な対価を伴う取引慣行のある契約形態を伴っているか否かを確認する必要がありま

す。ここの部分に誤りがあれば、その後の評価をいくら緻密に行っても、実態を伴わない結果となってしまいます。その意味で、対象とする権利について、借地借家法が適用される普通借地権（旧借地法における借地権）に該当するか否かの確認が、非常に重要となります。

2 借地借家法が適用される普通借地権

それでは、借地借家法が適用される普通借地権とは、どのような権利を指すのでしょうか。

借地借家法（平成４年８月１日施行）は、第２条で借地権という用語を、「建物の所有を目的とする地上権又は土地の賃借権をいう。」と定義しています。すなわち、建物の所有を目的として借地している場合（＝借地人が借地上に自分の建物を建てて利用する場合）のみが、借地借家法の借地権となるということです。

したがって、資材置場や青空駐車場のような利用方法で土地を借りている場合は、借地借家法上の借地権は発生せず、その保護を受けることはできません。また、建物が存在する場合であっても、工事期間中の仮設事務所（＝建物の基礎がなく容易に撤去できるもの）のように一時使用の賃貸借の場合も、借地権の対象外とされています。

借地借家法

（一時使用目的の借地権）

第25条 第３条から第８条まで、第13条、第17条、第18条及び第22条から前条までの規定は、臨時設備の設置その他一時使用のために借地権を設定したことが明らかな場合には、適用しない。

※　第３条から第８条までの規定及び第13条、第17条、第18条の規定は、借地権の存続期間（30年）をはじめ、建物を所有する目的で長期に利用することを前提としたものです。また、第22条から第24条までの規定は定期借地権に関するものです。したがって、一時使用目的の借地権の場合も、借地借家法の適用を受けないことが明文化されています。

　なお、従来の借地法は、新しい借地借家法の施行に伴い廃止されています。ただし、平成４年８月１日以前に締結された建物所有を目的とする借地契約には引き続き従来の借地法（旧法）が適用され、現在全国に存在する借地契約（新法による定期借地契約を除く）の圧倒的多数は、旧法の時代に締結されたものであるのが実情です。

　また、借地権の対象は地上権または土地の賃借権（＝地代を支払って有償で借り受ける場合）に限られていることから、無償で土地を借り受ける使用貸借の場合も借地権には該当しません。使用貸借の典型的な例として、親子間の土地の貸借があげられます。

　なお、借地借家法（旧法も含む）の条文上は、借地権の対象となる権利として地上権が賃借権よりも先に掲げられています。しかし、実際に地上権が設定されている例は稀で、ほとんどの借地契約は賃借権によるものです。すなわち、地上権設定契約ではなく土地賃貸借契約の形態が圧倒的に多いということです。

　借地借家法が適用される普通借地権及び旧法の借地権の存続期間については**図表2-1**を、地上権と賃借権の相違については**図表2-2**を参照してください。

図表2-1　借地権の存続期間の比較

			当初の存続期間	更新後の存続期間
旧法の借地権	期間の定めのない場合	堅固な建物の所有目的の場合	60年 （期間中に建物が朽廃すれば借地権は消滅する）	30年 （期間中に建物が朽廃すれば借地権は消滅する）
		非堅固な建物の所有目的の場合	30年 （同　上）	20年 （同　上）
	期間を定める場合	堅固な建物の所有目的の場合	30年以上 （期間中に建物が朽廃しても借地権は消滅しない）	30年以上 （期間中に建物が朽廃しても借地権は消滅しない）
		非堅固な建物の所有目的の場合	20年以上 （同　上）	20年以上 （同　上）
借地借家法の普通借地権	期間の定めのない場合	堅固な建物の所有目的の場合	一律30年 （期間中に建物が朽廃しても借地権は消滅しない）	1回目の更新　一律20年 2回目以後　　一律10年 （同　左）
		非堅固な建物の所有目的の場合		
	期間を定める場合	堅固な建物の所有目的の場合	一律30年以上 （期間中に建物が朽廃しても借地権は消滅しない）	1回目の更新　一律20年以上 2回目以後　　一律10年以上 （同　左）
		非堅固な建物の所有目的の場合		

※　堅固な建物とは鉄筋コンクリート造のようなものを、非堅固な建物とは木造建物のようなものを指します。

30

図表2-2　地上権と賃借権の主な相違点

項　目	地上権	賃借権
権利の内容	他人の土地において工作物（建物が代表例）または竹木を所有するため、その土地を使用する権利。	当事者の一方が相手側にある物を使用及び収益させることを約し、相手方がこれに対してその賃料を支払うことを約することによって、効力を生ずる権利。
権利の性質	・物権（土地を直接支配できる強い権利です。地主との間に人的な関係はありません）。 ・地上権者は、地主の承諾を得ずに第三者に地上権を譲渡したり、賃貸することができます。	・債権（特定の地主と特定の賃借人との間の債権契約によります）。 ・地主の承諾なく、賃借権を自由に譲渡したり、転貸することができません。ただし、地主が承諾しない場合に、裁判所の許可を得て譲渡等をすることが可能です。
地代の支払い	必ずしも要件ではありません。無償の地上権もあり得ます。	賃借権が成り立つための必須要件です。無償のものは使用貸借となります。
借地権の登記	登記しなければ第三者に主張できませんが、物権であるため、地主には登記協力義務があります。地主がこれに応じない場合、裁判所の判決でこれを強制することが可能です。	債権であるため、地主に登記協力義務はなく、法的に登記の強制はできません。したがって、土地賃借権の登記が行われている例は稀です。 　しかし、建物の登記をすることにより、借地権を第三者に主張することができる仕組みとなっています（借地借家法第10条）。

チェックポイント

1. 借地借家法が適用される普通借地権とは、建物の所有を目的とする地上権または土地の賃借権のことをいい、ほとんどが賃借権です。

2. 建物が存在していても、工事期間中の仮設事務所のように一時使用であることが明らかな場合及び使用貸借の場合、借地借家法は適用されません。

3. 現存する建物所有目的の借地権（定期借地権を除く）の圧倒的多数は旧法の時代に締結されたものであり、新しい借地借家法の施行後に設定された普通借地権は極めて少ないと思われます。

4. 旧法と新法では、借地権の存続期間の扱いが異なります。

2 借地権があっても借地権の価格があるとは限らない

Q 「借地権があっても借地権の価格があるとは限らない」とは、どのような意味でしょうか。

A 借地権という権利があっても、これが金銭を伴って取引されない地域もあります。

解説

　第 1 章でも述べましたが、このような疑問は不動産の評価をある程度経験した人からも生じ、しかも分かりにくいという声がよく聞かれます。土地利用権全般にも同じことがいえますが、特に借地権の場合、評価の案件として取り扱う頻度が高いため、改めて考えてみたいと思います。

　「借地権」と「借地権の価格」とは、しばしば混同して使用されています。すなわち、この 2 つを全く同じものだと考えている人もいれば、何となく相違していることは分かるが、その区別を明確に説明することはできないという人もいます。

　また、相手方に対して「借地権の価格」のことを説明するつもりでいながら、実は「借地権」そのものの説明に終始したため、相手方が混乱してしまったという話も耳にします。

　「借地権」と「借地権の価格」とは、本質的に全く別の概念です。

図表2-3 「借地権」と「借地権の価格」の概念

大都市の中心部のように借地権の取引慣行が成熟し、これが高額な対価を伴って取引されている地域では、個々の借地契約に法的な意味（借地借家法）での「借地権」と経済的な価値としての「借地権の価格」が認められるケースが通常です。このような地域では、借地契約の開始時には賃借人から賃貸人に対して相当額の権利金の支払いが必要となりますが、定期借地権を除き、普通借地権の新規供給はほとんど行われておらず、借地権取引の対象はほとんどが既存の借地権です。

　一方、地方都市のなかには、借地権の取引慣行が形成されていない地域も少なからずあります。このような地域では、借地契約の開始時はもちろんのこと、契約途中で借地権が取引（譲渡）される場合でも、金銭的な対価を伴わないのが一般的です。すなわち、このような地域では、法的な意味での借地権は存在しても、経済的な価値としての借地権の価格は生じていないということになります（**図表2-4**）。

図表2-4 法的な権利と経済的価値との関係

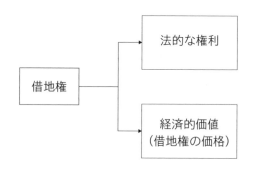

　このように、「その土地に借地権という権利がある」ことと、「その権利に経済的な価値がある」ということは、区別して考える必要があります。ちなみに、不動産鑑定評価基準にも、借地権と借地権の価格との関係について、次の記載があります。

● **不動産鑑定評価基準**

3. 借地権及び底地

② **借地権の存在は、必ずしも借地権の価格の存在を意味するものではな**

く、また、借地権取引の慣行について、借地権が単独で取引の対象となっている都市又は地域と、単独で取引の対象となることはないが建物の取引に随伴して取引の対象となっている都市又は地域とがあること。

(各論第 1 章第 1 節Ⅰ)

　このような関係につき、鵜野和夫氏（税理士・不動産鑑定士）は次のように述べています。

　借地権を設定していれば、借地期間の保護、期間満了時の更新請求権、また、地代値上げの制限などの法律上の権利を有しているが、その権利を譲渡しようとしても、対価を支払ってまで買う者がいない地域では、権利はあるが、価格はないということになる。

[出典] 鵜野和夫『不動産の評価　権利調整と税務』清文社、2021年10月改訂

　ちなみに、鑑定評価に関する最近の文献で借地権と借地権の価格との関係に踏み込んで解説しているものは、意外と少ないと思われます。次の解説は、不動産鑑定評価基準が制定された当時に発刊された書籍に記載されているものです（下線は筆者による）。

借地権価値とは法律的にいうと借地の有形的利用権の価値である。他人の土地を借りて直接有形的に利用している事実にもとづいて生ずる便宜と利益を取得する権利の貨幣的表示（価額）である。俗にこれを借地権利金とも称える。

借地権価値は貸地の所有権価値と表裏をなすものであって借地人に属し、それが貸主に対抗のできる力強いものであると、それだけ貸地所有権価値がへる訳である。

さて、今さきのべた借地を有形的に利用している事実とは、市街地の特定の位置の独占である。（中略）優良な位置を独占したものはその事実にもとずいて利益と便宜が得られる。<u>借地の利用によって直接取得される利益と便宜は、必ずしも貨幣または穀物その他の有形財とは限らない。元来そこにすまい、そこで仕事を営むことができること自体が、利益であり便宜である。</u>

借地権価値の特質は今のべた通りであると考えるが、しかし、一律にどの都市でもこれが発生しているのではない。（ア）まだその発生が認められていないところ、即ちその慣行のおこなわれていない市街地がある。（イ）借地の慣行の行われている市街地でも個々の借地契約の条件、期間その他の事情によっては、この価値の発生する余地のないもの、（ウ）またはかつて存在したがすでに消滅し、または減価したものもあるであろう。実情を極めないで一律に取扱ってはならない。

［出典］杉本正幸『不動産価格論』文雅堂銀行研究社、1964年8月

　私見ですが、「借地の利用によって直接取得される利益と便宜」に対するとらえ方（＝下線部分）は、使用借権にもそれなりの価格が付される根拠（第4章を参照）や、借地人の建物買取請求権の行使時に考慮される場所的利益（判例では「場所的環境」、第6章を参照）の根拠を検討する際のヒントを示しているように思われます。

チェックポイント

1. 「借地権があっても借地権の価格はない」というのは、主に地方都市の一部が対象です。大都市の中心部のように借地権の取引慣行が成熟している地域では、高額な借地権の価格が認められるのが通常です。

2. 借地権の価格の有無は、法的規定というよりも取引慣行との関係でとらえることが必要です。ただし、借地期間をはじめとする法的保護の裏付けがあってこそ、認められるものです。

3 借地権価格が発生する要因

Q 借地権価格は、どのような要因で生じてきたのでしょうか。

A 借地権価格は、借地人が安い地代で土地を借りている割に、それが高額な金銭を伴って売買されることに端を発しています。

解説

1 借地権価格が発生する要因

　借地権に価格が生じてきた要因は、借地人が過去長期間にわたり支払ってきた地代、そして現在支払っている地代以上に大きな利益が借地人に生じていることに起因します。このような利益がなければ、そもそも借地権が対価を伴って取引の対象とされることはないと思われます。

　借地借家法が適用される借地契約（建物所有を目的とする地上権または土地の賃借権）では、借地人は用法違反や地代不払い等の債務不履行がない限り、契約期間が満了したというだけでは、借地人がその意思に反して立退きをしなければならない可能性は極めて低いのが実情です。仮に、地主から更新拒絶の申し入れがあった場合でも、地主に自らその土地を使用しなければならない正当な事由がなければ、契約は更新される途が残されています。これが「法定更新」と呼ばれる制度であり、借地借家法が借地人を保護している代表例といえます。

　ところで、借地権に価格が発生するケースは2つあります。

　一つ目のケースは、契約時に権利金等の一時金が授受された場合です。

このような場合には、権利金の性格が借地権設定の対価という側面が強いことから、契約当初から借地権の価格が生じていたと考えることができます。これがいわゆる「創設的借地権価格」と呼ばれているものです。

二つ目のケースは、契約時に権利金の授受はなく、しかも契約期間中にわたり地代も低水準のまま据え置かれてきた場合です。このようにして生じてきたものが、いわゆる「自然発生的借地権価格」です。

また、なかには両者が混在したケース（すなわち、契約時に権利金を授受したものの、その後地代が据え置かれてきたことに起因して借地権価格が生じたケース）もあります[※]。

※　黒沢泰『基準の行間を読む　不動産評価実務の判断と留意点』(清文社、2019年8月)には、これらのケースにつきイメージ図を掲載しています。

借地権の評価を行うに当たって、誰もが最初に疑問を抱くのは二つ目のケースに該当する場合でしょう。すなわち、「権利金も支払わず、しかも安い地代で借りている土地になぜ経済的な価値（＝借地権価格）が生じ、これが借地人の財産となるのか」ということです。以下、この点について解説していきます。

2 借地権者に帰属する経済的利益

不動産鑑定評価基準では、借地権の価格について、次のように述べています。

● 不動産鑑定評価基準

借地権の価格は、借地借家法（廃止前の借地法を含む。）に基づき土地を使用収益することにより借地権者に帰属する経済的利益（一時金の授受に基づくものを含む。）を貨幣額で表示したものである。

(各論第1章第1節I.3（1）①)

すでに述べてきたとおり、借地借家法の保護の下に、借地権者に帰属（発生）している経済的な利益を金額に換算したものが借地権の価格ということになります。

　それでは、このような借地権価格の根拠となる要因として、どのようなことが考えられるのでしょうか。これは借地権価格の根幹をなす部分ですが、不動産鑑定評価基準では、その要因を次のように述べています。

● 不動産鑑定評価基準

　借地権者に帰属する経済的利益とは、土地を使用収益することによる広範な諸利益を基礎とするものであるが、特に次に掲げるものが中心となる。

　ア　土地を長期間占有し、独占的に使用収益し得る借地権者の安定的利益

　イ　借地権の付着している宅地の経済価値に即応した適正な賃料と実際支払賃料との乖離（以下「賃料差額」という。）及びその乖離の持続する期間を基礎にして成り立つ経済的利益の現在価値のうち、慣行的に取引の対象となっている部分

（各論第1章第1節I.3（1）①）

（1）不動産鑑定評価基準　アとの関係

　契約時に権利金等の一時金が授受された場合には、最初からアの「土地を長期間占有し、独占的に使用収益し得る借地権者の安定的利益」が発生し、これが借地権価格を形成する要因となります。

　しかし、権利金を全く授受していない場合であっても、イのように経済賃料と実際支払賃料との間に乖離が生じてこの状態が長期間続く一方、借地権者が借地借家法の保護を受ける結果、期間の経過とともに「土地を長期間占有し、独占的に使用収益し得る借地権者の安定的利益」が発生したと考えることができます。

（２）不動産鑑定評価基準 イとの関係

　権利金が授受されていない場合であっても、借地権に金銭的な価値が認められるケースは多く見受けられます。その要因はイに掲げられているとおり、賃料差額（いわゆる「借り得」）の発生にありますが、このような考え方が従来から支持されてきた背景には、次の事実があると考えられます。

　すなわち、相当期間継続している借地契約では、契約当初に権利金等の一時金の授受は一切なかったものの、その後の地代改定が長期にわたる地価上昇に見合って行われなかったため、支払地代が相対的に低い水準にとどまっているものが多いということです。

　その結果、借地権者にいわゆる「借り得」が生ずることとなり、これが長期にわたり累積されて借地権の価格を形成する要因となりました。これは、借地借家法に保護された土地の継続的・安定的利用という面から、借地権者にとっては実際に支払ってきた地代以上に大きな利益が生じ、地域によっては金銭的な対価を伴って取引の対象となったと考えることができます。

　この考え方に沿った場合、理論的には、実際の支払地代が高ければ高いほど「借り得」部分は少なくなり、その結果、借地権価格は低いということになります。反対に、支払地代が低ければ低いほど「借り得」部分は多くなり、借地権価格は高いということになります。「借り得」というとらえ方をしている以上、投資（ストックあるいは支払地代の累積）という見方とは一線を画しており、ここに借地権価格をとらえる際の大きな特徴があります。

（３）現実の借地事情

　借地契約の事情は個々に異なり、貸主（＝借地権設定者）と借地権者の力関係によっても地代改定の実現度は異なってきます。

　仮に貸主の力が強く、地代改定が貸主の意向どおり実現できた場合、借地権者にとって「借り得」はなくなるか、あってもわずかな金額にとどまるでしょう。しかし、この場合でも「借り得」がないからといって、「土地を

長期間占有し、独占的に使用収益し得る借地権者の安定的利益」がなくなったわけではありません。借地権者は、借地借家法によって契約期間等の面で大きな保護を受け、その結果、借地権者の利益は安定的に存続するといえます。

このことを示唆する記述が、不動産鑑定評価基準が制定された当時に発刊された書籍に見受けられ（杉本正幸『不動産価格論』文雅堂銀行研究社、1964年8月）、非常に興味深いものがあります。これを要約すると、以下のとおりです（用語は原文のまま）。

---

① 借地権価値は、理論的には地代差額とその画地の独占的利用によって得られる生活上の便益等の貨幣表示である。

② 借地権価値は、理論的にはこのようにいわれるが、果たして個々の借地に事実上このような地代差額が存在するであろうか。存在するものもあり、しないものもあると答えるほかはない。

③ したがって、地代差額に当たる借地権価値の存在の認められるものもあり、そうでないものもあるべきだ。

④ だが、一時は認められるものがあっても、地代値上げの行われるにおいては、その大きさによっては消滅してしまうことは明らかである。

［出典］杉本正幸『不動産価格論』文雅堂銀行研究社、1964年8月を要約

チェックポイント

1. わが国における借地慣行に照らした場合、自然発生的に借地権価格が生じたケースが圧倒的に多いため、なぜ借地権に高額な価格が生じているのかを的確に説明できるかが借地権評価の重要な鍵となります。

2. 借地人には「借り得」が生じながら、かつ、法的保護に支えられて、これが「土地を長期間占有し、独占的に使用収益し得る借地権者の安定的利益」につながっていると考えることが、複雑な価格形成要因を有する借地権の価格にアプローチする第一歩となります。

3. 現実には地代水準も高く「借り得」は生じていないものの、法的保護に支えられた借地権者の安定的利益が存在するケースも少なくないと思われます。

4. 借地権価格の発生要因を探っていった場合、「借り得」だけでは説明しきれない部分がある点に留意が必要です。

5. 借地権の評価に当たっては、「土地を長期間占有し、独占的に使用収益し得る借地権者の安定的利益」という側面からとらえる考え方が現行の不動産鑑定評価基準では重視され、実務を支える拠り所となっています。

4 借地権価格の評価例

Q
- 不動産鑑定評価基準における借地権の鑑定評価の考え方は、どのようなものですか。
- 併せて、借地権価格の評価例を紹介してください。

A
不動産鑑定評価基準における借地権の鑑定評価は、借地権の取引慣行の有無及びその成熟の程度によってその手法を異にするものであるとしています。

解説

1 借地権の取引慣行と成熟の程度

図表2-5のとおり、不動産鑑定評価基準における借地権の鑑定評価は、借地権の取引慣行の有無及びその成熟の程度によってその手法を異にするものであるとしています。

本項では、都市部で借地権の取引慣行の成熟の程度が高い地域について、その評価例を取り上げます。

借地権に関しては、それが単独で取引の対象となるケースは少なく、その多くが建物の取引に随伴して（＝建物と一体となって）取引されるものですが、本項では解説の都合上、借地権の評価の部分のみを取り上げます。

なお、本件評価例の場合、近隣地域に借地権付建物の取引はみられるものの、借地契約及び借地条件に個別事情が含まれ、標準的な借地権を想定することが困難であったため、取引事例比較法は適用していません。

図表2-5　借地権の取引慣行の成熟の程度

借地権の鑑定評価

借地権の取引慣行の成熟の程度の高い地域
　借地権の鑑定評価額は、借地権及び借地権を含む複合不動産の取引事例に基づく比準価格、土地残余法による収益価格、当該借地権の設定契約に基づく賃料差額のうち取引の対象となっている部分を還元して得た価格及び借地権取引が慣行として成熟している場合における当該地域の借地権割合により求めた価格を関連づけて決定するものとする。

借地権の取引慣行の成熟の程度の低い地域
　借地権の鑑定評価額は、土地残余法による収益価格、当該借地権の設定契約に基づく賃料差額のうち取引の対象となっている部分を還元して得た価格及び当該借地権の存する土地に係る更地又は建付地としての価格から底地価格を控除して得た価格を関連づけて決定するものとする。

［出典］不動産鑑定評価基準各論第１章第１節Ｉ.3.（1）②をもとに作成

　また、建物等が古い場合には、複合不動産の生み出す純収益から土地に帰属する純収益を的確に求められないことが多く（不動産鑑定評価基準運用上の留意事項Ｖ.１.（４）.①）、本件評価例でも古い建物が借地上に存在することを前提としているため、土地残余法（借地権残余法）についても適用していません。以下、評価例を掲げます。

2 借地権価格の評価例

　対象不動産は大都市の商業地域内にあり、事務所として利用されていますが、敷地は旧借地法に基づく借地権です。

１．近隣地域の状況

（１）近隣地域の範囲（省略）

（２）交通事情・道路事情等（省略）

（３）地域的特性

　　近隣地域は中高層の事務所ビルが建ち並ぶ商業地域です。

（４）公法上の規制

　　商業地域。指定建蔽率80%、指定容積率700%。防火地域指定あり。

（５）供給処理施設（省略）

（６）標準的な形状・規模

　　幅員20mの○○道に一面が接し、一画地が間口20m、奥行30m、規模600㎡程度の長方形地を想定。

（７）標準的使用

　　中高層事務所の敷地

（８）地域要因の変動の予測

　　地域要因に格別の変動要素はないため、今後とも現状を維持していくものと予測されます。

２．対象不動産の表示及び状況（物的確認に関する事項）

（対象不動産の表示）

　○土地　東京都○○区○○町○丁目○番　宅地　788.00㎡

（参考）土地上の建物

　　東京都○○区○○町○丁目○番地　家屋番号○番の１

　　鉄骨鉄筋コンクリート造陸屋根地下１階付９階建

事務所・駐車場・倉庫　延床面積5,100.86㎡（登記簿）

（対象不動産の状況）

　　対象地は幅員20mの○○道に一面が接する長方形状の土地（間口約25m、奥行約31m）であり、標準的な画地と比較して次の減価要因があります。

○減価要因

　　　容積率が劣る

　　（理由）

　　　　対象地が接面する道路端から20mまでの部分は、商業地域、指定建蔽率80%、指定容積率700%であり、接面する道路端から20mを超える部分は商業地域、指定建ぺい率80%、指定容積率600%です。対象地は、指定容積率700%の地域と指定容積率600%の地域とにまたがっている（奥行が20mを超えている）ため、それぞれの属する敷地面積の割合によって加重平均した後の容積率（＝基準容積率）は約670%となります。

3. 対象不動産の賃貸借の状況（権利の態様の確認に関する事項）

　　（土地賃貸借契約の状況）

　　　　①権利の態様　　　　堅固建物所有を目的とする土地賃借権（借地権）

　　　　②確認に用いた資料　土地賃貸借契約書

　　　　③権利者　　　　　　賃貸人（借地権設定者）：A株式会社

　　　　　　　　　　　　　　賃借人（借地権者）：B株式会社

　　　　④契約数量　　　　　788.00㎡

　　　　⑤契約の経緯　　　　昭和○○年○月○日、A株式会社とB株式会社との間に堅固建物所有を目的とする

土地賃貸借契約が締結されました（契約期間は昭和○○年○月○日から昭和○○年○月○日までの30年間）。それ以前から借地契約は存在していましたが、非堅固建物の所有を目的とするものでした。そのため、契約の変更に当たり、当時、条件変更承諾料も授受されました。

その後、昭和○○年○月○日に至り、現在の堅固建物が建築されたという経緯があります。当該契約は平成○○年○月○日に更新され、価格時点に至っています。

⑥現行契約期間　平成○○年○月○日から令和○○年○月○日までの30年間。

⑦月額支払賃料　2,724,800円（価格時点現在）

⑧一時金の名称・性格　土地賃貸借契約に基づく債務の履行の担保を目的として敷金16,057,700円が平成○○年○月○日に授受されています（一部は従来からの敷金を充当）。

⑨特約その他　賃借権の無断譲渡・転貸の禁止のほか、通常の土地賃貸借契約にみられる特約が付されていますが、他に当該契約に特有の内容は見当たりません。

4．評価

（1）借地権価格の基礎となる更地価格の査定

①　近隣地域における標準的画地の価格

近隣地域の状況欄に掲げた地域要因を備え、幅員20mの○○道

沿いで、一画地の規模が600㎡程度（間口30m、奥行20m）の高層事務所地の標準価格を、下記イの価格との均衡に留意の上、下記ロ及びハの価格を比較検討して2,700,000円／㎡と査定しました。

　イ．公示価格を規準とした価格

　　　2,550,000円／㎡　（過程省略）

　ロ．取引事例比較法を適用して求めた価格

　　　2,650,000円／㎡〜2,750,000円／㎡（過程省略）

　ハ．収益還元法による価格

　　　2,200,000円／㎡　（過程省略）

②　対象地の更地価格の査定

　　対象地は、上記①の標準的な画地と比べて次の減価要因を有するため、これを反映させて更地価格を査定しました。

○減価要因

　容積率が劣る　－2％（利用効率が劣る程度を考量して査定）

　　　　　　　　根拠：標準的な画地の基準容積率は700％、対象地は670％であり、その差の割合の2分の1を以下のとおり価格差として反映させました。

　　　　　　　　（670％－700％）÷700％×1／2≒△2％

○格差修正率　　100％－2％＝98％

○更地価格　　　標準価格に格差修正率を乗じて1㎡当たりの単価を求め、これに評価数量を乗じて端数整理の上、対象地の更地価格を以下のとおり2,088,000,000円と査定しました。

　a．対象地の単価

　　（標準的な画地の価格）　　（格差率）　　　　（対象地の単価）

　　2,700,000円／㎡　×　98％　≒　2,650,000円／㎡

b. 総額

$$\underset{\text{(対象地の単価)}}{2,650,000円／㎡} \quad × \quad \underset{\text{(評価数量)}}{788.00㎡} \quad ≒ \quad \underset{\text{(対象地の更地価格)}}{2,088,000,000円}$$

（2）借地権価格の評価

　　冒頭に述べた理由により、本件評価に当たっては以下の2つの手法により借地権価格を評価しました。

① 　借地権割合により求めた価格

② 　賃料差額還元法により求めた価格

① 　借地権割合により求めた価格

　　近隣地域では、財産評価基本通達に基づく路線価図による借地権割合は80%、地元精通者による近隣地域及び同一需給圏内の類似地域における堅固建物所有目的の取引上の借地権割合は70%程度となっています。

　　本件においては、価格時点における地価動向を鑑み、対象地にかかる借地権割合を70%と査定し、借地権割合による借地権価格を1,462,000,000円と査定しました。

$$\underset{\text{(更地価格)}}{2,088,000,000円} \quad × \quad \underset{\text{(借地権割合)}}{70\%} \quad ≒ \quad \underset{\text{(借地権価格)}}{1,462,000,000円}$$

② 　賃料差額還元法により求めた価格

　　この手法は、借地権価格が借り得部分（すなわち正常実質賃料相当額と実際支払賃料の差額）を基礎に発生しているという考え方を理論的根拠として試算したものであり、その結果は**図表2-6**のとおりです。

図表2-6　賃料差額還元法による借地権価格

① 実際支払賃料 （年額地代） （注1）	②　正常実質賃料相当額				
	イ 基礎価格 （注2）	ロ 期待利回り （※1）	ハ 純賃料 （イ×ロ）	ニ 必要諸経費 （注3）	ホ 計 （ハ＋ニ）
32,697,600円	2,088,000,000円	4.0%	83,520,000円	5,704,700円	89,224,700円

③ 差額賃料 （②−①）	④ 還元利回り （※2）	⑤ 借地権価格 （③÷④）（注4）	⑥ 借地権割合 （⑤÷イ）
56,527,100円	4.5%	1,256,000,000円	60.2%

（注1）　（月額実際支払賃料）2,724,800円×12ヶ月＝（年額実際支払賃料）
　　　　32,697,600円
（注2）　更地価格をもって基礎価格としました。
（注3）　固定資産税及び都市計画税の査定額です。
（注4）　56,527,100円 ÷ 4.5% ＝ 1,256,157,777円 ≒ 1,256,000,000円

（※1）期待利回り
　　期待利回りとは、賃貸借等に供する不動産を取得するために要した資本に相当する額に対して期待される純収益のその資本相当額に対する割合を意味します。計算式に要約すれば、
　　　　不動産の投資額 × 一定割合（期待利回り）＝ 不動産から得られる賃料
ということになります。
　　ここでは、昨今の不動産市場における定期借地権の利回り、金利の動向、市場参加者の借地に対する期待等を考慮の上、4.0％と査定しました。なお、不動産投資の期待利回りは金融機関の貸出金利と同一のものではなく、不動産投資に対するリスクや事業者の利潤も加わります。
（※2）還元利回り
　　不動産の価格をとらえる場合、その不動産の使用収益が可能な全期間にわたって自ら保有することを前提に経済価値をとらえています。収益還元法を適用して不動産の価格を求める際には、純収益を還元利回りで還元して（＝割戻して）収益価格を求めていますが、ここで用いる還元利回りは、期待利回りが一定期間の使用収益を前提としているのに対し、還元利回りが全期間にわたる使用収益を前提としているため、その分だけリスクも多く、期待利回りよりも高い割合となるのが一般的です。このような考え方に基づき、本件においては還元利回りを4.5％と査定しました。

③　借地権価格の決定

　　①と②で試算した借地権価格には、次のとおり開差が生じました。

　　①　借地権割合により求めた価格　　　　　1,462,000,000円
　　②　賃料差額還元法により求めた価格　　　1,256,000,000円

　①の価格は、借地権の取引慣行の成熟している地域において、借地権割合を基礎としてその取引価格が形成される傾向が強い事実に着目して求めたものです。当該価格は取引の実態を反映しており、現実的にも説得力に富むといえます。

　②の価格は、現行賃料に基づく借地人の経済的利益（＝借り得部分）を反映する賃料差額に着目して求めたものであり、契約の個別性が評価に反映される点に特徴を有しますが、本質的に理論的な性格の強いものであり、賃料差額の帰属の問題や賃料改定の実施が流動的である等の問題点を含んでいます。

　以上の検討の結果、本件においては①の価格を重視し、借地権価格を1,462,000,000円と決定しました。

チェックポイント

1. 本件評価例では、賃料差額還元法によって求めた借地権価格が慣行的借地権割合によって求めた価格を下回っていますが、ケースによっては賃料差額還元法の方が上回ることがあります。

2. 借り得部分（借地権の付着している宅地の経済価値に即応した適正な賃料と実際支払賃料との差額）が大きい場合、理論的にとらえた借地権価格は慣行的なものよりも高くなります。しかし、その結果がストレートに評価額に結び付くわけではありません。

3. 借地慣行が成熟し、その地域において妥当とされる慣行的な借地権割合が存在する場合、いくら理論的な手法による結果が高く求められたとしても、慣行割合を度外視して価格を決定することはありません。

4. 最終的な借地権割合は、慣行割合を中心に、「当該借地権の安定性」「借地上の建物の残存耐用年数」「契約内容の個別性」を加味して決定する必要があります。

5. 賃料差額還元法によって求めた借地権価格が慣行的借地権割合によって求めた価格を下回る場合（＝借り得部分が小さい場合）でも、借主には地代の如何に関係なく借地借家法の保護が働いています。

6. 賃料差額のみによって借地権価格が決定されるわけではなく、理論的に求められた価格と慣行割合から求められた価格との間に差が生ずることがあります。

5 地上権と賃借権の価格の差

Q 地上権と賃借権の価格の差は、どの程度あると考えておけばよいでしょうか。

A おおよそ10％程度はあると考えられています（地上権＞賃借権）。

解説

1 それぞれの権利の性格

（1）地上権と賃借権の相違点

　法的性格からいえば、地上権は物権であり、賃借権は債権であるといえます。それぞれの主な相違点は**図表2-2**のとおりですが、その根底にあるのは、地上権は土地と地上権者との関係を基本として成り立っているのに対し、賃借権はあくまでも地主と賃借人の人間関係が基本となっているということです。

　地上権の場合、物を直接支配できる物権という強い権利に裏付けられているため、地上権者は地主の承諾なくその権利を他人に譲渡することも可能です。また、地主が変更になった場合、地上権を新しい地主に対抗（主張）するためにはその登記が必要ですが、もともとの地主はその登記に協力する義務があります。そして、その地主がこれに応じない場合、裁判所の判決でこれを強制することが可能です。

　これに対し、賃借権は債権であるため、基本的には地主の承諾がないとこれを他人に譲渡することはできませんが、地主の承諾が得られない場合に

は、これに代わる裁判所の許可を得ることにより譲渡が可能とされています。また、地主が変更になった場合、賃借権を新しい地主に対抗するためにはその登記が必要ですが、賃借権は債権であるため、地主には登記に協力する義務はありません。地主が賃借権の登記を認めれば自分に不利な結果となるため、賃借権の登記が行われていることも珍しいといえます。しかし、借地上にある建物の登記をしていれば、賃借権の登記がなくても、新しい地主に対抗することが可能となります（借地借家法第10条）。

　このように、賃借権が債権であるとはいっても、建物所有を目的とする土地の賃借権の場合は地上権の性格に近づいている（いわゆる賃借権の物権化傾向がみられる）ことは事実です。しかし、地上権と全く同じ内容の借地権となっているわけではありません。そのため、経済的価値という側面からみた場合、両者間には相違が見受けられます。ただし、建物所有を目的とする地上権が設定されている例は極めて少なく、これが譲渡の対象となる例もほとんどないことから、以下に述べる内容は理論的な観点を中心とするものです。

（2）地上権と賃借権の価格差が発生する要因

　地上権と賃借権の価格の差をとらえる場合、その要因となるものは大きく分けて2つあります。

　その一つは、通常、賃借権である借地権を譲渡する際に、賃借人は地主に対して承諾料の支払い（併せて地代改定を求められることもある）が必要となるためです。賃借人は地主の承諾が得られない場合、これに代わる裁判所の許可を得れば賃借権を譲渡することができますが、その場合でも一時金の給付が条件とされます。これに対して、地上権の譲渡は自由であり、承諾料等の一時金の支払いは不要といえます。

　そして、賃借権である借地権と地上権である借地権の価格の差ですが、賃借権譲渡の際に必要となる一時金（承諾料）の目安を借地権価格の10%

程度とすれば（その根拠については本章第7項を参照）、賃借権の価格の方が地上権より10%程度低いということになります。

　もう一つは、地上権の場合には抵当権の設定が可能ですが、賃借権の場合には抵当権が設定できず、担保力が劣るという点があげられます。これに関しては、最高裁昭和40年5月4日判決（**3**を参照）により、建物に抵当権が設定されていれば、その敷地である借地権には、それが賃借権であっても抵当権の効力が及ぶと判示されています。そのため、担保権者にとってのリスクは少ないと考えられますが、土地に直接抵当権を設定できる方が担保手段としては無難といえるでしょう。賃借権と地上権の価格差の要因は、このような点にも見い出すことができます。

2 「借地権価格比準表」における地上権と賃借権の価格差

　国土利用計画法に基づく届出に伴う価格審査の参考に資する目的で作成された「借地権価格比準表」では、地上権と賃借権の価格差を5%から11%程度とし、その根拠を以下のとおり解説しています。

地上権であるか、賃借権であるか

　賃借権と地上権の差は、主として譲渡等の場合における地主の承諾の要否と難易等の流通性及び賃借権は直接に抵当権の目的となり得ない担保価値の減退等が基準となる。経済的価値の格差は、将来の名義書換料の要否及び担保価値の差異等に基づいて求める。格差率は借地権割合が高くなるにつれて小さくなる。なお、本項目の賃借権は未登記のものである。

　　　　［出典］地価調査研究会編『土地価格比準表〔七次改訂〕』住宅新報社、2019年8月

　このような格差率が査定された背景に関しては、当該比準表作成時に関係者によって実施された以下の対談の記録が参考になると思われます。

地上権であるか賃借権であるか

　この場合の地上権は標準的な地上権を意味しております。地上権と賃借権の格差を求めるにあたってまず考えなければならないことは、賃借権である借地権の物権化の問題であると思います。民法上の賃借権は債権、地上権は物権と規定されておりますが、借地法におきましては、賃借権も地上権も同じく借地権として取り扱っております。立法後も賃借権の物権化という社会的要請があり、その流れに沿って、昭和46年に借地法の改正が行なわれております。（中略）

　地上権と賃借権の実態上の差ということになりますと、賃借権である借地権であっても、物権に近いと考えられるものもあり得るわけです。しかしながら近時注目される点は担保力の問題です。住宅地において殊に顕著なことですが、地価が上がって土地を購入する場合には、住宅ローン等の借入れによって資金を調達するのが、一般的になっておりますが、住宅ローンのような制度金融におきましては、賃借権は担保にとりませんので、担保力がないという点で、借地権は嫌われるという面があるわけです。賃借権の物権化が不完全であるという点で差があると考えられます。

　それから賃借権の譲渡に際して、名義書替料、これは、一種の手数料的なものと考えられますが名義書換料の支払いを要する。承諾の難易等の流通性の問題は譲渡転貸許可の非訟手続のことを考えれば、最終的には名義書替料がいるか、いらないかの問題になります。前に戻りまして、担保力の問題について担保価値の減退という慎重ないい回しになっておりますのは、建物の抵当権を取得しその担保価値として、建物価値にプラスアルファを認めることもありますので、このような表現になっているかと思います。この二つが主たる格差の要素であるということで、秤量化を検討された結果、比準法にあらわれた程度の差になるんではなかろうかということになったわけです。

鑑定業界におきましても、地上権と賃借権では、１割程度の差があるんではないかといわれておりましたが、その常識的な線にも合っているんじゃないかと思います。

　ただ、１割といいましても、借地権割合の高いところでは、そんなに格差はないと思います。幅が５から11というふうに出ておりますが、それは態様による差と、地域の慣行による差というものも含まれると同時に、借地権の割合の高い所では、低い率になる傾向があるということを含んでいると思います。

[出典]「鑑定セミナー　借地権価格比準表をめぐって（下）」『不動産鑑定』住宅新報社、1976年８月号

３ 参考判例

　土地賃借人が地上建物に設定した抵当権の効力が、当該土地の賃借権に及ぶとした事例を紹介します。

　土地賃借人の所有する地上建物に設定された抵当権の実行により、競落人が該建物の所有権を取得した場合には、民法612条の適用上賃貸人たる土地所有者に対する対抗の問題はしばらくおき、従前の建物所有者との間においては、右建物が取毀しを前提とする価格で競落された等特段の事情がないかぎり、右建物の所有に必要な敷地の賃借権も競落人に移転するものと解するのが相当である（省略）。けだし、建物を所有するために必要な敷地の賃借権は、右建物所有権に付随し、これと一体となって一の財産的価値を形成しているものであるから、建物に抵当権が設定されたときは敷地の賃借権も原則としてその効力の及ぶ目的物に包含されるものと解すべきであるからである。したがって、賃貸人たる土地所有者が右賃借権の移転を承諾しないとしても、すでに賃借権を競落人に移転した従前の建物所有者は、土地所有者に代位して競落人に対する敷地の明渡しを請求することができないものといわなければならない。

[出典] 最高裁昭和40年５月４日判決民集第19巻４号811頁

チェックポイント

1. 地上権は土地と地上権者との関係を基本として成り立っていますが、賃借権は地主と賃借人の人間関係が基本となっています。

2. 地上権者は地主の承諾なくその権利を他人に譲渡できます。これに対して、賃借権は地主の承諾がなければこれを他人に譲渡できません。ただし、地主の承諾が得られない場合、これに代わる裁判所の許可を得ることにより譲渡が可能です。

3. 地上権と賃借権の価格差の要因として、次の2つがあげられます。

   ①　賃借権である借地権を譲渡する際、賃借人は地主に対して承諾料の支払いが必要となります。

   ②　地上権の場合には抵当権の設定が可能ですが、賃借権の場合には抵当権が設定できず、担保力の点で相違があります。

6 更新料の性格とその水準

Q
- 借地契約の更新時によく支払われている更新料とは、どのような性格のものでしょうか。
- 更新料の支払いが必要となる場合、その水準はどの程度を考えておけばよいでしょうか。

A
更新料は法律で定められているわけではありません。しかし、その支払いは頻繁に行われており、更地価格の２％〜３％が目安です。

解説

1 更新料が支払われている理由

不動産鑑定評価基準には、更新料の算定方法についての規定は置かれていません。最高裁の判例でも、貸主が更新の合意をせず、しかも貸主に更新を拒む正当な事由がない場合、契約が法定更新されたとしても、借主に更新料の支払義務はないとしています。

> 宅地賃貸借契約における賃貸期間の満了にあたり、賃貸人の請求があれば当然に賃貸人に対する賃借人の更新料支払義務が生ずる旨の商慣習ないし事実たる慣習が存在するものとは認めるに足りない。
>
> ［出典］最高裁昭和51年10月１日判決集民第119号９頁

　そのため、契約が法定更新された場合でも、裁判の結果、借主に対して更新料の支払命令が下されることはないと考えられます。

　それにもかかわらず、なぜ現実に更新料の支払いが多く行われているのでしょうか。これに関する定説はありませんが、借主の立場からすれば、将来の土地利用権を確保し、契約更新を円滑に進める（＝合意更新）ための費用、あるいは期間満了時期が近づいて目減りした借地権の価値を回復させるための費用と考えることもできるでしょう。**図表2-7**は後者のイメージ図です。

図表2-7　借地権の価格の推移（旧法下の借地権で契約時に権利金を授受）

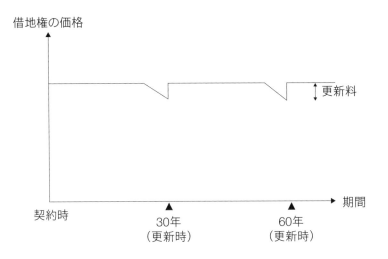

　反対に、貸主の立場からすれば、過去に思い通り改定できなかった地代の不足分を補うために、あるいは将来の地代の前受分という意味合いで受け取る金銭というとらえ方も可能です。

　ただし、世間一般の受け止め方としては、貸主は契約更新を認めるかわりに更新料を受け取り、借主は契約更新にかかる訴訟を避け、貸主に将来

の建替等をスムーズに認めてもらえる関係を保つために更新料を支払うという認識が強いのではないでしょうか。

日税不動産鑑定士会[※1]では、都内の借地権の更新事例をもとに、貸主が更新料を受け取った理由と借主が更新料を支払った主な理由を分析したことがあります[※2]。

(※1) 税理士と不動産鑑定士の両方の資格者により組織されている団体です。
(※2) 「更新料の実態調べ」(不動産鑑定士が収集した昭和48年から昭和52年の都内の借地更新例299件の分析結果)

これによると、更新料を受け取った地主の理由としては、「もらうことが当然だと認識してもらった」(約63%)、「地代が安いので、その対価としてもらった」(約27%)の順となっています。また、更新料を支払った借地人の理由としては、「支払うことが慣行だと思って支払った」(約32%)、「地主と争うのはいやだから支払った」(約20%)、「近所の人が払っているので、近所の付合いと思って支払った」(約14%)となっています。

以上で述べたことから、更新料は法的根拠なくして支払われているものであるといえます。ただし、実際の裁判においては、裁判官が更新料を支払って和解するよう勧告することが多く行われ、これによって妥結することが多いのも事実であるといわれています[※3]。

(※3) 鵜野和夫『不動産の評価 権利調整と税務』清文社、2021年10月改訂

最近の裁判例として、東京地裁平成30年2月28日判決(LLI／DB判例秘書)では、戸建住宅の土地を賃借している賃借人が、累次更新の際にはこれまで更新料の支払いがあったが、今回は更新料の支払義務がないと主張したのに対し、裁判所は支払義務があることを認め、その相当な更新料として鑑定によって得られた価格(更地価格の2.5%)である340万円をもって決定したケースがあります。

ただし、本件の場合、原告・被告双方の父親同士が契約期間満了時に賃貸借契約を合意更新し、更新料についても「期間満了後に更に賃貸借契

約を更新する場合は、賃借人は賃貸人に対し更新料を支払う。ただし、その額は協議により決定する。」として契約書が作成されています。しかし、その後20年が経過し、その間に双方の父親が死亡して相続が発生し、これを契機に更新料支払義務の有無についての争いが生じたものです。

　本件においては、契約書に更新料を支払う旨の特約が存在していましたが、特約の記載のない場合には、すでに掲げた最高裁昭和51年10月1日判決を支えに賃借人が更新料の支払い義務について争うことも多いといえます。しかし、契約書に特約が存在しないからといって、それだけで更新料の支払いを一律に否定するのは、従前からの契約経緯（地代改定の状況）等も踏まえると難しいと思われます。これに関しては、「都市部においては、更新料支払いの慣行が認められる地域も少なからず存在しますから、約束がなくても慣行に基づいて更新料請求権が発生する場合もあります」との見解が存在します[※4]。

（※4）　澤野順彦『不動産評価の法律実務』住宅新報社、1996年11月

2 更新料の目安

　それでは、更新料の支払いが必要となった場合、その目安は一体どのくらいでしょうか。

　これに関しては、画一的な数値を示すことは難しいのが実情です。なぜなら、更新料の額は当事者の個別契約によって決定されることが多いからです。そのため、その割合については過去の経験に基づいた最大公約数的な割合を把握した上で、その時々の地価事情（地価動向）や案件の特性、借地契約の経緯等を考慮して斟酌を加えるという考え方が現実的であると思われます。

　筆者が以前に調査した時点（2009年頃）では、更地価格の5％程度が平均的な数値でしたが、当時は全国的に地価下落がみられた状況でした。

その影響が割合に反映されたものと思われますが、現時点ではその後の地価の回復も相まって、上記裁判鑑定の採用している更地価格の2.5%前後（2%〜3%）が一つの目安になるものと思われます。ただし、実際に授受された更新料の額を地代との関係からとらえた場合、月額地代の36倍（36ヶ月）から120倍（120ヶ月）の範囲に収まるという調査結果もあり、大きな幅が生じます。

　更新料の金額を地価の何%という形でとらえるにしても、地代の月額の何倍という形でとらえるにしても、ある一つの固定的な数値でつかむことは難しいといえそうです。これに関連し、澤野順彦氏（弁護士・不動産鑑定士）は、割合に基づいて更新料を算定する場合、次のような事情を考慮して補正する必要があるとしています。

　イ．期間の長短

　ロ．更新時における貸主側の正当事由および借主側の必要性の程度

　ハ．賃料の高低、標準的賃料との開差の程度

　ニ．借主による必要費、有益費の支出の有無、ならびに貸主の修繕、管理の程度

　ホ．更新後の期間その他の契約条件

　ヘ．当事者間の主観的事情

　◎更新料の具体的算定式

　　借地の更新料を具体的に算定すると、次のようになります。

　　借地権価格 × 慣行的更新料割合 × 諸事情の考慮 ＝ 更新料

　　　　　　　　［出典］澤野順彦『不動産評価の法律実務』住宅新報社、1996年11月

チェックポイント

1. 最高裁の判例によれば、宅地の賃貸借契約が法定更新された場合でも、借主には更新料の支払義務はないとしていますが、現実には、合意に基づく更新料の支払いが多く行われています。

2. 借主は、地主との争いを防ぎ契約更新を円滑に進めるために更新料の支払いが必要と受け止めている傾向にあります。

3. 更新料の支払いが必要となった場合の目安は、現在の地価事情を踏まえると、更地価格の 2 ％から 3 ％程度の範囲が多いようです。しかし、個々の契約事情や更新前の地代の水準等によっても幅が生じます。

7 名義変更承諾料、増改築承諾料、建替承諾料の性格とその水準

Q 名義変更承諾料、増改築承諾料、建替承諾料とはどのような性格のもので、その水準はどのくらいを考えておけばよいでしょうか。

A 名義変更承諾料（賃借人の名義変更に伴って授受される金銭）は借地権価格の10％前後、増改築承諾料及び建替承諾料（増改築や建替えに伴って授受される金銭）は借地権価格の５％から10％が目安です。

解 説

1 名義変更承諾料とその目安

　名義変更承諾料（名義書換料）とは、売買等によって賃借人の名義が変更になるに当たり、賃借人から賃貸人に承諾を得るための対価として支払われる一時金です。このような承諾料は借地権の売主が負担するケースが多い傾向にありますが、買主が負担するケースもあるため留意が必要です。

　しかし、名義変更承諾料は借地権の取引に対する手数料的な性格を有することから、借地権価格を構成する要素とはなりません。

　借地権者が賃借権の譲渡や転貸を行おうとする際には、通常は借地権設定者（賃貸人）の承諾が必要であり、土地賃貸借契約書でこのような約定を設けることが一般的です。借地権設定者の承諾を得ずに賃借権を譲渡した場合は、契約違反による解除の事由に該当します（民法第612条）。貸主にとっては、賃借権の譲渡を認めた場合、当初の契約を締結した相手以外

にどのような人が借主となるか不安な面があることから、土地賃貸借契約書にこのような趣旨の記載がされていると考えられます。そのため、必要な場合は、これを認める代わりにその対価を授受しようとするものです。

　一方、賃借権の譲渡に当たり借地権設定者の承諾が得られない場合は、借地権者は借地権設定者の承諾に代わる裁判所の許可を申し立てることができ、これが得られた場合には賃借権の譲渡が認められますが、その際には一時金（名義変更承諾料）の給付を命ずる決定が行われることが多いといえます（借地借家法第19条、旧借地法第9条の2）。

　したがって、賃借権の譲渡に関しては、名義変更承諾料の支払いを伴うことが一般的です。

借地借家法

（土地の賃借権の譲渡又は転貸の許可）

第19条　借地権者が賃借権の目的である土地の上の建物を第三者に譲渡しようとする場合において、その第三者が賃借権を取得し、又は転借をしても借地権設定者に不利となるおそれがないにもかかわらず、借地権設定者がその賃借権の譲渡又は転貸を承諾しないときは、裁判所は、借地権者の申立てにより、借地権設定者の承諾に代わる許可を与えることができる。この場合において、当事者間の利益の衡平を図るため必要があるときは、賃借権の譲渡若しくは転貸を条件とする借地条件の変更を命じ、又はその許可を財産上の給付に係らしめることができる。

2　裁判所は、前項の裁判をするには、賃借権の残存期間、借地に関する従前の経過、賃借権の譲渡又は転貸を必要とする事情その他一切の事情を考慮しなければならない。

3〜7　（省略）

しかし、当該金額の算定基準は法律上の根拠がなく、当事者間の話し合いに基づいて決定されているのが実情です。それにもかかわらず、このような金銭が授受されている背景を探る上で、次の記述が参考になります。

地価の上昇期について見てみると、地価が上昇しても、地代の値上げは借地借家法の規制で抑えられているため、借地人の借り得部分が増えていき、借地権価格が発生し、借地権が市場で高く売れるようになる。

そうなると、借地人は、借地を譲渡したとき、土地の値上り益を享受することになる。一方、地主は、あいかわらず低い地代しか受け取ることができない。借地人はそうとう儲けるのだから、その一部を地主に配分してもよいのではないか、というわけだといわれている。

［出典］鵜野和夫『不動産の評価　権利調整と税務』清文社、2021年10月改訂

なお、当事者間の話し合いによる取り決めが困難な場合になされた非訟申立てによる裁判所の決定例（東京地裁及び大阪地裁。昭和60年4月以降）によれば、長期にわたる借地契約にかかる名義変更承諾料として借地権価格の10%前後の範囲に収まる傾向がみられます。ただし、10%という割合がすべての借地契約に当てはまるわけではないことに留意が必要です。なぜなら、名義変更承諾料の取り決めに際しては、個別契約の事情、契約後の経過期間の長短、権利金の金額、当事者間の力関係等が少なからず影響してくるため、借地権価格に対する割合を固定的なものとしてとらえることはできないからです。

2 増改築承諾料、建替承諾料とその目安

　増改築承諾料とは、既存の建物を増築したり、改築する際に貸主に支払われる一時金のことを意味します。すなわち、既存の建物を残しながら、

これに変更を加える場合がその対象となります。 これに対し、 建替承諾料という場合には、 既存の建物をすべて撤去し、 同じ構造の新しい建物を建てる際に貸主に支払われる一時金を指します。 いずれにしても建物の構造変更（例えば、 非堅固な建物から堅固な建物への変更） を伴わないことが前提となっています。 その際の金額の算定方法は、 例えば、 増築の場合であれば借地権価格に一定割合※を乗じた後に、 さらに、

増築面積÷全体床面積（＝既存の建物面積＋増築面積）

という計算式の結果を乗じて算定することが多いといえます。 改築の場合は、

$$\frac{改築後の新たな借地期間 － 改築前の借地の残存期間}{改築後の新たな借地期間}$$

という計算式が上記の割り算の箇所に該当します。

※　増改築承諾料や建替承諾料を算定する際の基礎は、 非訟事例を参考にすれば、 借地権価格のおおむね5％から10％の範囲内のものが多いようです。 ただし、 これも画一的なものではなく、 経験的にとらえた最大公約数的な意味合いのものとして理解した方がよいと思われます。

チェックポイント

1. 名義変更承諾料は、 借地権取引に対する手数料的な性格を有します。 そのため、 借地権価格を構成する要素とはなりません。
2. 名義変更承諾料の算定基準について、 法律上の根拠はありません。
3. 名義変更承諾料は、 一般的には借地権価格の10％前後が多いようです。 しかし、 借地契約の個別事情もあり、 この割合を固定的なものとしてとらえることはできません。
4. 増改築承諾料及び建替承諾料の算定基準について、 法律上の根拠はありません。
5. 増改築承諾料及び建替承諾料の算定基礎は、 借地権価格のおおむね5％から10％の範囲内のものが多いようです。ただし、 増改築の程度によって金額が異なります。

8 借地条件変更承諾料の性格とその水準

Q 借地条件変更承諾料とはどのような性格のもので、その水準はどのくらいを考えておけばよいでしょうか。

A 借地条件変更承諾料は、建物の構造変更の際に支払いが必要となり、その目安は更地価格の10％程度です。

解説

1 借地条件変更承諾料とその目安

借地条件変更承諾料は、建物の構造や用途について変更を加える場合に貸主に支払われる一時金を指します。すなわち、木造のような非堅固建物から鉄筋コンクリート造のような堅固建物に構造を変更したり、用途を変更して建替えることを前提としています。前項に掲げた増改築承諾料や建替承諾料との大きな相違は、このような借地条件の変更を伴う点にあります。

建物の所有を目的とする土地賃貸借契約では、契約条件として、建築可能な建物の種類、構造、規模、用途等の制限を付すことが多いため、借地条件を変更して建替えを行おうとすれば、あらかじめ貸主の承諾を得ておくことが必要となります。借地条件の変更についても、名義変更の場合と同様に、貸主の承諾が得られない場合、借主は裁判所に条件変更の承諾の申立てを行い、許可が得られれば建替えが可能となります。その際、一時金（借地条件変更承諾料）の給付を命ぜられることが多いといえます（借地借家法第17条、旧借地法第8条の2）。

借地借家法

（借地条件の変更及び増改築の許可）

第17条　建物の種類、構造、規模又は用途を制限する旨の借地条件がある場合において、法令による土地利用の規制の変更、付近の土地の利用状況の変化その他の事情の変更により現に借地権を設定するにおいてはその借地条件と異なる建物の所有を目的とすることが相当であるにもかかわらず、借地条件の変更につき当事者間に協議が調わないときは、裁判所は、当事者の申立てにより、その借地条件を変更することができる。

2　増改築を制限する旨の借地条件がある場合において、土地の通常の利用上相当とすべき増改築につき当事者間に協議が調わないときは、裁判所は、借地権者の申立てにより、その増改築についての借地権設定者の承諾に代わる許可を与えることができる。

3　裁判所は、前二項の裁判をする場合において、当事者間の利益の衡平を図るため必要があるときは、他の借地条件を変更し、財産上の給付を命じ、その他相当の処分をすることができる。

4　裁判所は、前三項の裁判をするには、借地権の残存期間、土地の状況、借地に関する従前の経過その他一切の事情を考慮しなければならない。

5〜6　（省略）

　しかし、借地条件変更承諾料の算定方法に関して、法律には何も定められていません。再び非訟事例を参考にすると、長期にわたる借地契約に係る条件変更承諾料の傾向として、更地価格のおおむね10%前後のものが多いようです（ここでは、借地権価格ではなく更地価格の10%が基礎となっている）。ただし、他の一時金の場合と同様に画一的なものではありません。

　借地条件変更承諾料の方が、一般的に増改築承諾料や建替承諾料よりも高額となっているのは（例えば、同じ10%を乗ずるにしても、乗ずる対象が

借地権価格ではなく更地価格となっている点)、建物の構造や用途面に大がかりな変更を伴うためです。

2 参考

東京地方裁判所民事第22部のホームページには、同裁判所民事第22部に寄せられる様々な質問をもとに、一般向けに借地非訟事件の解説が掲載されています。寄せられる質問の例としては、「増改築をしたいけど、地主が承諾してくれない。」「借地の上に建っている建物をほかの人に譲りたいんだけど……」「競売で借地権付き競売物件を買ったけど、その後どうすればいいの?」などがあげられています。

本章第6項(更新料)、第7項(名義変更承諾料、増改築承諾料、建替承諾料)で解説した内容も含めて、実務に役立つと思われます。詳細については、以下をもとにホームページをご参照ください。

<借地非訟事件 目次>
第1 借地非訟とは
 1.土地の貸し借り
 2.借地借家法との関係
 3.借地非訟事件の種類
  1 借地条件変更申立事件
  2 増改築許可申立事件
  3 土地の賃借権譲渡又は転貸の許可申立事件
  4 競売又は公売に伴う土地賃借権譲受許可申立事件
  5 借地権設定者の建物及び土地賃借権譲受申立事件
 4.借地非訟事件手続のあらまし

第2 借地非訟事件手続の流れ
 1.申立て(手続の開始)
  1 管轄
  2 申立ての方法

　　　　3　申立時の事務手続
　　　　4　申立費用
　　2．事件の審理
　　　　1　審問期日（当事者から陳述を聴く手続）
　　　　2　提出書面の交換
　　　　3　記録の閲覧・謄写
　　　　4　鑑定委員会制度
　　　　5　鑑定委員会からの意見聴取後の審問期日
　　　　6　和解の勧告
　　3．事件の終了
　　　　1　取下げ
　　　　2　和解
　　　　3　調停
　　　　4　決定
　　4．決定に対する不服申立て（抗告）

第3　費用
　　1．申立てに必要な費用
　　　　1　申立手数料
　　　　2　手数料算定に必要な書面
　　　　3　申立手数料額の算定方法
　　2．郵便切手の予納

チェックポイント

1. 借地条件変更承諾料は、建物の構造や用途について変更を加えることを前提としています。そのため、増改築承諾料や建替承諾料と前提が異なることに留意が必要です。

2. 借地条件変更承諾料の算定基準について、法律上の根拠はありません。

3. 借地条件変更承諾料は、一般的には更地価格の10％前後が多いようですが、借地権価格の10％ではない点に留意が必要です。ただし、借地契約の個別事情もあり、この割合を固定的なものとしてとらえることはできません。

9 借地上の建物の登記簿上の表示と借地権の対抗力

Q 借地権の登記がない場合でも、借地上の建物が登記されている場合は借地権の対抗力があるとされていますが、登記簿に表示されている所在地番や床面積等が実際のものと一致しない場合、対抗力は認められるのでしょうか。また、関連する判例も紹介してください。

A 所在地番や床面積等が実際のものと一致しない場合でも対抗力が認められた例があります。

解 説

1 借地上の建物登記と対抗力

借地借家法第10条第1項は、借地権はその登記がなくても、土地の上に借地権者が登記されている建物を所有するときは、これをもって第三者に対抗することができると定めています。

この規定は、もともと旧借地法とは別に、建物保護ニ関スル法律（明治42年法律第40号、以下、「建物保護法」という）第1条に置かれていましたが、平成4年8月1日施行の借地借家法第10条第1項に織り込まれ、建物保護法が廃止されたという経緯があります。ただし、廃止前の建物保護法が適用されていたものについては、引き続き借地借家法第10条第1項の規定が適用されていることは同法附則第4条により明らかです。

ところで、最高裁昭和50年2月13日判決（民集第29巻2号83頁）によ

れば、建物の表示の登記も建物保護法第1条の「登記」に当たることから、借地借家法第10条にいう建物の「登記」には所有権保存登記だけでなく、表示の登記も含まれると解されています。なお、建物の表示の登記も建物保護法第1条の「登記」に当たる理由については、当該最高裁判決で以下のように述べられています。

　建物保護法第1条が借地権者を保護しているのは、当該土地の取引をなす者は、地上の建物の登記名義によりその名義人が地上に建物を所有するための権原として借地権を有することを推知できるからである。この点において、同法第1条は借地権者の土地利用の保護の要請と、第三者の取引安全の保護の要請との調和を図ろうとしているものである。この法意に照らせば、借地権のある土地の上の建物についてなされるべき登記は「権利の登記」に限られる必要はない。そして、借地権者が自己を所有者と記載した「表示の登記」のある建物を所有する場合も同条にいう「登記シタル建物ヲ有スルトキ」に当たり、当該借地権は対抗力を有するものと解するのが相当である。

[出典] 最高裁昭和50年2月13日判決民集第29巻2号83頁

　また、当該最高裁判決が登場する以前においても、例えば東京高裁昭和45年3月25日判決（判時第591号67頁）では、土地賃借権の対抗要件としての建物の登記は、土地の取引をする者に建物の所有名義人の存在とその氏名とを知らせるに足る記載があれば十分であり、建物自体についての権利の対抗要件としての登記と同一である必要はない旨判示されています。

　なお、表示の登記は権利の登記（所有権保存登記、所有権移転登記等）と異なり、登記官が職権で行うことができます（不動産登記法第28条）。

　そこで問題となるのは、借地上に実際に建物が存在するにもかかわらず、登記に表示されている所在地番や床面積等が実際のものと一致していない場合、当該建物が借地借家法第10条第1項にいう「登記されている建物」

に該当するかどうかです。借地上に現に存在する建物が規定の「登記されている建物」に該当しなければ第三者対抗要件を具備せず、土地の所有者が変更になった場合に建物を撤去せざるを得なくなるケースも予想されます。もっとも、地上権または土地の賃借権の登記が行われていれば別ですが、このような登記が行われているケースは極めて少ないのが実情です。

2 関連する判例

前記のとおり、借地上の建物登記の有無及びその認定は、借地権の対抗力を左右する重要な鍵となります。本項では、これに関連する判例として、「登記簿に表示された所在地番および床面積との関連で借地権の対抗力が争点となった事例」（最高裁平成18年1月19日判決集民第219号49頁）を取り上げます。

【事案の概要】
1．事案の要旨
本件土地を競売により取得したX（被上告人）が、その土地上に存在するYら所有の建物（登記簿の所在地番及び面積は実際と異なっていた）の居住者Z（上告人）に対し、所有権に基づく妨害排除請求として建物収去及び土地の明渡しを求めました。これに対し、一審及び二審（原審）は、このような記載内容の登記には借地権の対抗力はないとして、Zに建物収去及び土地の明渡しを命じました。Zはこれを不服とし、本件建物の所有者は居住者のZではなく、その子であるYらであることを明らかにした上で、Yらが対抗力のある賃借権を有するとして争ったものです。

2．事実関係
本件判決文には、上告人（Z）の相続に関係する部分も詳しく記載されていますが、紙面の都合上、本書では借地権の対抗力の有無に関わる箇所を

中心に事実関係を述べます。

（１）本件土地のうちの東側部分（以下、「東側土地部分」という）には、住宅営団（当時。以下同様）が昭和22年頃に新築した建物（以下、「本件建物」という）が存在していた。そして、昭和24年、本件建物につき床面積を８坪（後に26.44㎡と書替え）とする表示の登記及び住宅営団を所有者とする所有権保存登記がされた。

（２）住宅営団は、本件建物をAに売却し、昭和24年、Aは所有権移転登記を済ませた。Aは、その後、本件建物を約13.32㎡分増築した上、昭和34年４月にこれをBに売却し、Bは本件建物につき所有権移転登記を済ませた。

（３）Bは、昭和43年頃本件建物を約16.18㎡分増築するとともに、昭和44年頃、本件建物に隣接して床面積約4.06㎡の物置を新築したが、登記上の床面積の表示の変更及び附属建物の新築の登記はされなかった（以下、本件建物と物置を併せて「本件建物等」という）。

（４）その後、代襲相続により、平成２年６月にBから上告人の子であるYらに本件建物の所有権が移転した。所有権移転登記を実施したのは、後掲のとおり平成16年５月である。Yらは、平成15年頃、本件建物を8.45㎡分増築したが、登記上の床面積の表示変更はされなかった。

（５）X（被上告人）は、平成15年10月、競売により本件土地の所有権を取得し、同月、所有権移転登記を済ませた。

（６）本件建物の敷地の所在及び地番は、昭和39年の所在及び地番の変更ならびに昭和61年の分筆を経て、「a市b町一丁目24番１」（本件土地）となっていた。しかし、本件建物の登記においては、その後も建物の所在地番が「a市b町一丁目65番地」と誤って表示されており、本来の所在地番とは相違していた上に、床面積の表示も26.44㎡のままであった（以下、この登記を「本件登記」という）。そのため、競売手続における執行官の現況調査報告書には、本件建物等は未登記である旨記載されて

おり、物件明細書には東側土地部分に係る賃借権は対抗力を有しない旨が記載されていた。

（7）本件建物については、平成16年5月、平成2年6月相続を原因としてYらに対する所有権移転登記がされた。また、平成16年6月、Yらの申請により、本件登記につき所在地番を「a市b町一丁目24番地1」、主たる建物の床面積を64.39㎡とする表示変更及び表示更正登記がされるとともに、附属建物について床面積を4.06㎡とする新築の登記がされた。

【当事者の主張】

1．上告人（Z）の主張

（1）本件建物等の所有者はZではなく、Yらである。

（2）Bは、従前、東側土地部分につき建物所有を目的とする賃借権を有しており、同人が本件登記のされている本件建物を所有することによって上記賃借権は対抗力を有していたところ、Yらが相続によって本件建物及び上記賃借権を取得した。

2．被上告人（X）の主張

本件建物が建物保護法第1条にいう「登記シタル建物」に該当しない旨の主張が行われたものと推測される※。

※　筆者注。参照した資料（最高裁平成18年1月19日判決集民第219号49頁）の記載内容のみでは被上告人の具体的な主張内容は定かではありませんが、本件紛争の趣旨から判断し、被上告人が本件土地を競落した当時、本件建物の登記上の所在地番が本来の表示と大きく異なり、床面積の表示も実際よりかなり少なかったことから推測しました。

【裁判所の判断】

１．第一審及び第二審（原審）の判断

　第一審は、本件建物は未登記建物であり、被上告人（X）に対する対抗力はないと認定しました。ちなみに、原審は次のとおり判断し、本件建物に係る登記は借地権の対抗要件としての効力を有しないとして、第一審と同様にXの請求を認めました。

（１）賃借権の設定された土地上の建物についてされた登記が、錯誤または遺漏により、建物の所在地番の表示において実際と相違していても、建物の種類、構造、床面積等の記載とあいまち、その登記の表示全体において、当該建物の同一性を認識できる程度の軽微な相違である場合には、当該建物は建物保護法第１条にいう登記した建物に当たると解すべきである。

（２）本件建物等の本来の所在地番は「ａ市ｂ町一丁目24番地１」であるのに対し、本件登記上の所在地番は「ａ市ｂ町一丁目65番地」であって、その間に大きな相違がある。その上に、本件登記上に表示された建物の床面積も昭和22年に新築された当時の26.44㎡のままであり、本件建物等のうちの大部分は本件登記に反映されていない。また、執行官の現況調査報告書にも本件建物等は未登記である旨記載されており、このような場合にまで賃借人を保護するときには、その土地を買い受けようとする第三者を不当に害することになりかねない。したがって、上記の所在地番や床面積の相違は、建物の同一性を認識するのに支障がない程度に軽微であるとは認められず、本件建物等を建物保護法第１条にいう登記した建物ということはできない。そして、被上告人が本件土地を取得した後に本件登記につき現況と合致するように更正登記等がされたとしても、かかる登記の効力は遡及しないと解すべきであるから、上記結論に影響しない。

2．最高裁判所の判断

　最高裁判所は次の理由により原判決を破棄し、 本件を原審に差し戻しました。

（1） 事実関係

　記録によれば、 以下の事実がうかがわれる。

①　Bが本件建物を取得した昭和34年当時の同建物の敷地の所在及び地番は「a市b町一丁目65番」であり、 同人が本件建物につき所有権移転登記を了した時点では、 本件建物の登記上の所在地番は「a市b町一丁目65番地」と正しく表示されていたこと。

②　本件建物の敷地の所在及び地番は、 昭和39年に「a市b町一丁目24番」に変更になり、 土地登記簿については職権でその旨の変更登記がされたこと。

③　上記敷地の所在及び地番の変更に伴い、 昭和39年に職権で本件建物の登記の所在欄のうち地番以外の部分が「a市c町一丁目」から「a市b町一丁目」に変更されたが、 地番は65番地のまま変更されなかったこと。

④　昭和61年に「a市b町一丁目24番」の土地から本件土地が分筆されたが、 本件建物の登記における所在地番の表示は変更されなかったこと。

　以上によれば、 本件建物の登記における所在地番の表示はBが本件建物を取得した昭和34年当時は正しかったが、 その後登記官が職権で表示の変更の登記をするに際し地番の表示を誤ったため、 競売の基礎となった担保権の設定時までに実際の地番と異なるものとなった可能性が高いというべきである。

（2） 借地借家法第10条第1項の対抗力を備える建物

　建物保護法第1条は、 借地権者が借地上に登記した建物を有するときに

当該借地権の対抗力を認めていたが、借地借家法（平成 3 年法律第90号）第10条第 1 項に建物保護法第 1 条と同内容の規定が設けられ、同法は借地借家法附則第 2 条により廃止された。そして、同附則第 4 条本文によれば、本件にも同法第10条第 1 項が適用されるところ、同項は、建物の所有を目的とする土地の借地権者が、その土地の上に登記した建物を有するときは、当該借地権の登記がなくともその借地権を第三者に対抗することができるものとすることによって借地権者を保護しようとする規定である。

　この趣旨に照らせば、借地上の建物について、当初は所在地番が正しく登記されていたにもかかわらず、登記官が職権で表示の変更の登記をするに際し地番の表示を誤った結果、所在地番の表示が実際の地番と相違することとなった場合には、そのことゆえに借地人を不利益に取り扱うことは相当ではないというべきである。また、当初から誤った所在地番で登記がされた場合とは異なり、登記官が職権で所在地番を変更するに際し誤った表示をしたに過ぎない場合には、上記変更の前後における建物の同一性は登記簿上明らかであって、上記の誤りは更正登記によって容易に是正し得るものと考えられる。

　そうすると、このような建物登記については、建物の構造、床面積等他の記載とあいまって建物の同一性を認めることが困難であるような事情がない限り、更正がされる前であっても借地借家法第10条第 1 項の対抗力を否定すべき理由はないと考えられる。

（３）本件建物が借地借家法第10条第 1 項の対抗力を有するか

　これを本件についてみると、次の事実が認められる。

　①　Bが本件建物を取得した当時の本件建物登記の所在地番は正しく表示されていたこと。

　②　本件登記における所在地番の相違は、その後の職権による表示の変更の登記に際し登記官の過誤により生じた可能性が高いこと。また、

本件登記における建物の床面積の表示は新築当時の26.44㎡のままであって、実際と相違していたが、この相違は本件登記に表示された建物と本件建物等との間の同一性を否定するようなものではないこと。

③　現に、本件登記についてはその表示を現況に合致させるための表示変更及び表示更正登記が行われたこと。

そうすると、Bが、本件土地の競売の基礎となった担保権の設定時である昭和62年までに東側土地部分につき借地権を取得していたとすれば、本件建物等は借地借家法第10条第1項にいう「登記されている建物」に該当する余地が十分にあるというべきである。

最高裁判所ではこのように判断し、本件登記における建物の所在地番の表示が実際と相違するに至った経緯等について十分に審理することなく、本件登記における建物の表示が実際と大きく異なるとして借地権の対抗力を否定した原判決を破棄し、本件を原審に差し戻しました。

チェックポイント

1. 借地権付建物の場合、借地上の建物登記の有無が借地権の対抗力の有無に重大な影響を及ぼします。建物登記がなされていなければ借地権の対抗力もなく、実質的には使用貸借と変わらないと考えてよいでしょう。

2. 建物登記のなかには、本件事例のように当該建物の登記簿の表題部に記載された地番と敷地の地番が異なっているケースは他にも見受けられます。例えば、敷地が分筆され、従前の建物の登記簿上の地番とは異なる地番が付されたにもかかわらず、建物の登記簿上の地番が変更されていないケースです（**図表2-8**）。

3. 借地の地番とその上にある建物の登記簿の地番が異なる場合はその経緯も調査するなどして、建物登記の内容と実在する建物とが同一であるか否かを確認しておく必要があります。

図表2-8　分筆後の地番と家屋番号が対応していないケース

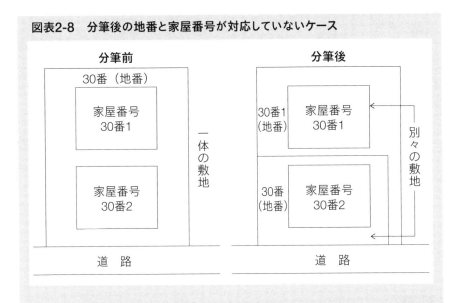

4. 形式的な登記簿調査を行っただけでは、対象建物を未登記建物と判定しかねないケースがあるため、留意が必要です。

5. 最高裁平成18年1月19日判決のように、登記簿に表示されている所在地番や床面積等が実際のものと一致しない場合でも、過去の経緯を踏まえて対抗力が認められたケースもあります。しかし、このようなケースはむしろ例外的にとらえた方が無難であると思われます。

Q 対象不動産は市街化調整区域内にある保養施設（借地権付建物）ですが、借地権の取引慣行の成熟の程度は低いと思われます。評価に当たり、実務上の留意点はありますか。

A 市街化調整区域だからといって、借地権の取引慣行がないと早合点しないように留意しましょう。

解 説

1 借地権の取引慣行の調査

借地権の鑑定評価、あるいは借地権付建物の鑑定評価といえば、通常は市街地的形態をなした場所にある土地を浮かべると思います。なぜなら、土地利用密度が高く借地に希少性が認められるからこそ、その利用権が経済的な対価を伴って取引されるからです。しかし、借地権（あるいは借地権付建物）の鑑定評価を依頼されるケースは、このような場合だけとは限りません。

ゴルフコースの場合には借地も多いと聞きますが、筆者が経験した案件のなかには、市街化調整区域における保養施設（国立公園に指定されている海岸沿いの区域内）で、敷地には旧借地法の借地権が設定されているというケースもありました。

対象不動産の所在するようなイメージの場所では、借地権の取引慣行の有無の調査をしなければなりません。この点に関しては、本件の場合、対象不動産を含む周辺一帯は神社が所有しており、何人もの借主に建物所有

を目的として土地を賃貸していることが確認できました。また、本件調査に当たり、土地や建物の登記簿、公図等を照合することにより、土地と建物の所有者が異なる区画が多く見られたことから、借地権の設定はいくつもの建物について行われているという推測が働きました。

　今までの経験上、借地権が多く設定されている場所では、必ずしも個々の契約範囲を分筆して区分していないケースも見受けられます。本件の場合も、対象不動産を含む一団の土地は同一人（神社）が所有していますが、借地人ごとに契約範囲を分筆しているわけではありません。

　このような状況に加え、近隣地域は高台にあって眺望が優れ、海岸を広く見渡すことができるため、市街化調整区域といえども借地権付建物の取引も見受けられ、建物代金以外の金銭（すなわち、借地権の価格）を含めて取引が行われた事例を確認することもできました。ちなみに、相続税の財産評価基準書では路線価が付されており、課税上の借地権割合は40％と記載されています。

　対象不動産は、一般住宅、企業の保養所、旅館等が混在する地域で、〇〇国立公園の指定を受けた海岸沿いの地域にあり、海岸に向けたなだらかな下り傾斜地となっており、公法上の利用制限は以下のとおりとなっています。その他の物件状況の詳細は割愛します。

〇公法上の利用制限

　市街化調整区域。指定建蔽率60％、指定容積率200％。自然公園法の適用あり（第２種特別地域内）。風致地区（第３種）[※]。

　※風致地区（第３種）の規制

　　建物の高さ15m以下、建蔽率40％以下、道路からの後退距離2.0m以上、隣地からの後退距離1.0m以上、緑地率10分の３以上。ただし、〇〇市役所都市計画課からの聴取によれば、当該規制は既存建物には現実的に適用が難しいとの見解でした。風致地区における建築物の新築、改築、増築または移転等を行う場合には県知事の許可を要します。

② 賃貸借をめぐる権利関係

　次に、本件評価において重要な賃貸借をめぐる権利関係の状況は、以下のとおりです。

　○権利関係の状況

　　借主と貸主間の平成○年○月○日付土地賃貸借契約書により権利関係の態様を確認したところ、賃貸借期間は平成○年○月○日（新しい借地借家法の施行以前）から20年間で、賃料は月額32,000円、賃貸借の目的は保養施設としての利用とされており、契約と同時に敷金として6,400,000円が借主から貸主に預託されています。

　　ただし、契約の解除時または借主が土地の賃借権を第三者に譲渡するときは、当該敷金の80％を貸主から借主に支払う旨の約定がなされています。権利金の授受はありませんが、預託した敷金の20％がいわゆる償却に該当し、権利金的な要素を構成するとも考えられます。ただし、20％に相当する金銭の性格について当事者間の約定は存在しません。

　　本件土地賃貸借契約が適用される旧借地法では、当事者が約定する場合の契約の最短期間は、本件のような堅固建物の場合は30年以上とされており、これより短い期間を定めても無効となり、法定存続期間（60年）となると解されています（最高裁昭和44年11月26日判決民集第23巻11号2221頁）。そのため、本件契約の存続期間は、当事者間の上記約定に拘束されることなく継続すると考えることが合理的です。

　　参考までに、土地賃貸借契約書の写し（抄）を掲げます（**図表2-9**）。

図表2-9　土地賃貸借契約書の写し（抄）

土地賃貸借契約書（抄）

　賃貸人〇〇〇〇（以下、甲という。）と賃借人〇〇〇〇（以下、乙という。）とは、甲所有の下記の土地（以下、本件土地という。）の賃貸借に関し、次のとおり契約を締結した。

第１条　甲は、その所有に属する下記土地を乙に賃貸し、乙はこれを賃借しその引渡しを受けた。
　　　　地番　〇〇市〇〇字〇〇〇２番１の一部（別紙（省略）の範囲）
　　　　地目　宅地
　　　　面積　160坪（528.92㎡）

第２条　賃貸借期間は平成〇年〇月〇日から20年間とする。

第３条　賃料は１ヶ月金32,000円とし、乙は毎月末日までに翌月分地代を甲に持参し、又は送付して支払うものとする。

第４条　前条の賃料は経済事情の変動、公租公課の増額、近隣の賃料との比較等により不相当となったときは、甲乙協議の上、改定することができるものとする。

第５条　乙は、この契約調印と同時に金6,400,000円也による敷金を甲に対し支払うものとする。敷金は無利息とし、甲は本契約解除時、又は乙が本件土地の賃借権を第三者に譲渡するときは、預敷金の80％を乙に支払うものとする。ただし、延滞賃料又は乙の責めに帰すべき損害金があるときは、この分を控除してその残額のみを返戻するものとする。

第６条　乙は、次に該当する場合には、事前に甲の書面による承諾を受けなければならない。
　　　(1)　土地の形状を変更すること。
　　　(2)　建物を増改築または新築すること。
　　　(3)　土地の全部又は一部を転貸し若しくは他人に使用させること。
　　　(4)　賃借権を譲渡若しくは土地上の建物を売買、譲渡、質入れすること。

第7条　乙は、本件土地を保養施設としての利用を目的として賃借したものであって、他の目的に使用することができない。

第8条　（省略）

第9条　（省略）

第10条　乙が次の一つに該当した場合、甲は催告なしに直ちに本契約を解除することができるものとする。
　　(1)　三ヶ月分以上の賃料の支払いを怠ったとき。
　　(2)　賃料の支払いをしばしば遅延し、その遅延が本契約における甲と乙との間の信頼関係を著しく害すると認められるとき。
　　(3)　乙が第6条の規定に違反したとき。
　　(4)　その他本契約に違反したとき。

第11条　（省略）

第12条　本契約が終了したときは、乙は直ちに地上の建物及び附従物件を収去して本件土地を原状に復した上、これを甲に返還しなければならない。
　　乙が前項本文の義務を履行しないときは、甲は乙の費用において、本件土地を原状に復することができる。

第13条　（省略）

第14条　（省略）

　本契約の締結を証するため本書2通を作成し、各自署名押印の上、各1通を保有する。

　平成〇年〇月〇日

　　　　　　甲（賃貸人）　〇〇〇〇

　　　　　　甲（賃借人）　〇〇〇〇

③ 借地権付建物の鑑定評価

　対象不動産が前記の性格を有することから、これらの特徴を踏まえて鑑定評価を行いました。本件は、取引慣行の成熟の程度の低い地域における借地権（建物付）の評価であり、賃料差額還元法（土地の経済価値に相応する地代と実際に授受している地代の差額（＝借り得部分）を借地権価格の発生源泉ととらえ、これを還元利回りで還元して求めた価格）と更地価格との割合を求めたところ約30％という結果が得られました（過程は省略）。

　相続税の財産評価基準書に記載されている近隣地域の借地権割合は40％とされていますが、理論上求められた30％という割合も市街化調整区域という地域柄や現実の需給状況を考慮した場合、取引の参考にすべき度合いが高いものと思料しました。そのため、借地権価格に関しては当該割合をもとにして査定し、建物価格に関しては原価法を適用の上、査定した結果を合計して鑑定評価額を求めました。

　実際には、当該鑑定評価額をやや上回る金額で取引が成立するに至りましたが、このような状況を振り返ってみれば、本件の場合、市街化調整区域といえども、借地権の取引に際して経済的な対価を伴う地域であることが実証されたと思料されます。

チェックポイント

1. 借地権が多く設定されている場所では、個々の契約範囲を分筆して区分していないケースも見受けられます。
2. 市街化調整区域といえども、借地権付建物の取引が見受けられるケースがあるため、取引慣行の有無に係る調査は十分に行うことが必要です。

11 法定地上権とその価格

Q
- 法定地上権とはどのような権利で、その効力の及ぶ範囲はどのように考えればよいでしょうか。
- 法定地上権と一般の土地賃借権の価格差はどのくらいですか。

A　法定地上権とは、当事者が契約で定めていなくても、法律が強制的に借地権を設定してしまう強い権利のことですが、その効力が及ぶのは建物の利用上必要な範囲に限られています。また、一般の土地賃借権に比べて5％～10％程度高くなっている傾向があります。

解説

1 法定地上権とその成立要件

　法定地上権とは、民法第388条に規定されている権利であり、物権としての性格を有し、譲渡性もあります。

> **民法**
>
> **（法定地上権）**
>
> **第388条**　土地及びその上に存する建物が同一の所有者に属する場合において、その土地又は建物につき抵当権が設定され、その実行により所有者を異にするに至ったときは、その建物について、地上権が設定されたものとみなす。この場合において、地代は、当事者の請求により、裁判所が定める。

　わが国において、 土地と建物は別個の不動産とされています。 そのた
め、 建物を所有するためには何らかの土地利用権を備えることが必要であ
り、 競売のように強制力を伴った財産処分が実行される場合、 当事者が合
意に基づいて土地利用権を設定することは困難であると思われます。 これに
加え、 建物の社会的保護を図るという社会的要請や抵当権設定者及び抵当
権者の土地利用をめぐる調整を行うことも必要となることが、 このような規定
が置かれている背景にあるものと推察されます。 なお、 法定地上権も地上
権であるため、 借地借家法の適用を受けます。

　ところで、 法定地上権が成立するためには、 以下の４つの要件を満たさ
なければならないとされています。 どれか一つの要件を欠いた場合、 法定
地上権は成立しないものとして扱われます （**図表2-10**）。

要件１：抵当権設定時に建物が存在すること。

要件２：抵当権設定時に土地と建物の所有者が同一であること。

要件３：土地と建物の一方または双方に抵当権が設定されていること。

要件４：抵当権の実行により、 土地と建物が異なる所有者に属すること。

図表2-10　法定地上権の成立イメージ

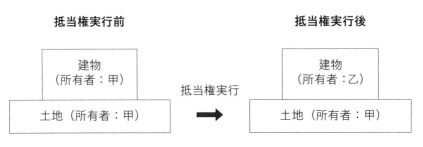

2 法定地上権の及ぶ範囲

　通常の借地権であれば、その設定契約時に対象となる敷地の範囲を明確にして契約を締結しますが、法定地上権の場合、最初から合意に基づいて利用範囲を取り決めているわけではありません。そのため、法定地上権の効力の及ぶ範囲が問題となります。

　判例によれば、法定地上権は、形式的に建物の存する土地の一筆全部に及ぶものではなく、建物の利用上必要な範囲に限られています。それは、建物の存する土地一筆全体において効力の及ぶ範囲を示すものであり、建物が存しない他の筆の土地についてまで法定地上権が成立することを想定したものではないと推察されます。

　なお、建物の利用に必要な範囲か否かという判断に当たっては、建蔽率等の建築基準法の規制をクリアすることが必要となります。

3 法定地上権と一般の土地賃借権の価格差

　法定地上権の評価に当たっては、普通借地権の評価に準ずることとなりますが、賃借権との相違点は法定地上権が物権であるという点です。

　そのため、普通借地権（土地の賃借権）よりも譲渡性があり（譲渡に当たり賃貸人の許可は不要）、かつ、登記請求権も備わっているため、普通借地権に比べて5％～10％程度の割増しをして評価しているケースが多いようです。

チェックポイント

1. 法定地上権とは、抵当権の実行により土地と建物の所有者が別人となった場合に、建物の存在を保護するため法律上当然に発生する敷地利用権です。

2. 法定地上権も地上権であるため、借地借家法の適用を受けます。

3. 法定地上権が成立するためには、本文で述べた 4 つの要件が必要となります。

4. 法定地上権の効力の及ぶ範囲は、建物の利用上必要な範囲に限られます。

5. 法定地上権の評価に当たっては、普通借地権に 5 ％〜 10%程度の割増しをして評価しているケースが多いといえます。

第 **3** 章

定期借地権と
その価格

1 定期借地権と普通借地権の本質的な相違点

Q
- 定期借地権と普通借地権の本質的な相違点は、どこにありますか。
- 定期借地権の活用上のメリットや不安定要素について、どのような点があげられますか。

A
定期借地権は、契約期間満了とともに無条件に契約が終了し、更新のない権利です。その分だけ、地主にとってはリスクが少なくなる反面、借地期限到来時に現実に土地が確実に戻ってくるかということをはじめ、不安定な要素もあります。

解説

　定期借地権の制度が発足してから約30年が経過し、これを活用した土地利用も多く行われつつあります。そのため、定期借地権の価格を検討する上で、定期借地権と普通借地権の本質的な相違点を確認しておきます。

　結論からいえば、定期借地権は①や②のことをいいます。

①　普通借地権とは異なり借地契約の更新がないこと。

②　当初定められた契約期間が満了すれば、地主に契約更新を拒絶する正当事由があるか否かにかかわらず借地関係が終了すること。

　平成4年8月1日に新しい借地借家法が施行されてから今日に至るまで、実際に設定された借地権としては定期借地権が大部分であり、普通借地権は極めて少ないのが実情です。これは、①及び②を踏まえた場合、地主がリスクの少ない定期借地権を選択するためです。

ただし、 このように法的なメリットがあるというだけでは、 地主にとって定期借地権を供給する誘因となりにくいことも事実です。 そこには、 地主の節税対策上の効果 （すなわち、 固定資産税の減額や相続時の底地の評価減）、 賃貸収入 （利回り） との見合い、 他の土地有効活用策 （遊休地上への賃貸アパート・マンションの建設等） と比較した場合の損得等の様々な要素が絡み合っています。 そして、 これらの検討の結果、 地主は定期借地権として一定期間土地を提供することが得策かどうかを判断することになります。 現実に定期借地権の目的となっている土地は、 このような観点から供給されているものと考えてよいでしょう。 住宅の建築を目的とする一般定期借地権 （次項を参照） を中心に、 定期借地権のメリットとしてあげられている点を**図表3-1**に、 不安定要素としてあげられている点を**図表3-2**に掲げます。

図表3-1　　定期借地権のメリット

【**地主側のメリット**】
● 借地期間満了後に土地が確実に返還されます。
● 継続的な地代収入を得ることができます。
● 管理面での容易性
　アパート、マンション経営等に比べれば煩雑さは少ないといえます。
● 事業リスクが少ない
　建築資金が不要であり、また、等価交換のように自分の土地の所有権を減らすことはありません。
● 定期借地権を設定した住宅地についても固定資産税の軽減措置があります。
● 相続税評価額は、 更地で保有している場合に比べて定期借地権の価額に相当する分だけ割安となります。

【**借主側のメリット**】
● 土地所有権付住宅よりも少ない負担で住宅を取得できます。
● 住宅の選択の幅を広げることができます。

図表3-2　定期借地権の不安定要素

地主側	借地人側
① 借地期限到来時に現実に土地が確実に戻ってくるかという不安 　法律が保証しているとはいえ、50年先にならなければ安心できないという不安があります（次項参照）。 ② 借地人が相続したり、交代した場合に、何か問題が発生するのではないかという不安 ③ 定期借地契約が開始された後、借地人の賃料不払いが生ずる可能性に対する不安 ④ 定期借地権に関する税制上の措置が不十分であるという不安 ⑤ 借地期限到来時に、借地人側の事情により建物の取り壊しが確実に行われない可能性に対する不安 　これに対しては、地主が預かる保証金が担保の役割を果たすという見方もあります。 ⑥ 借地期限到来時に社会経済情勢がどのように変化しているのか不安定であり、また、その間に法制度も変更されるのではないかという不安（借地人にも共通） ⑦ 中途解約時の取扱いが明確になっていないことに対する不安 　定期借地権付建物の中古流通市場が形成されていない場合、中途解約されたときに違約金を徴収できなければ、その後の地代収入が期待できなくなるという不安があります。	① 借地期限到来前に建物が老朽化し、住居としての役割を果たさなくなった場合に、借地関係はどうなってしまうのかという不安 ② 地主が相続したり、底地を借地人以外の者に譲渡した場合に、所有権を譲り受けた人と借地人の間で新たな借地関係が生ずることに対する不安 ③ 戸建住宅を取得したといっても、土地は借地であるため、資産価値は低いのではないかという不安 ④ 融資上の不安（担保価値が少ない点） ⑤ 左記⑥と同様の不安 ⑥ 定期借地権付住宅が中古になった場合、一般市場で売却が可能かという不安（左記⑦と裏腹の事項）

チェックポイント

1. 定期借地権は、地主に契約更新を拒絶する正当事由があるか否かにかかわらず、借地関係が終了します。価格の特徴を検討する際には、普通借地権と異なることに留意が必要です。

2. 活用策を検討する上で、定期借地権の法的側面だけでなく、経済的側面も考慮する必要があります。

3. 定期借地権により土地を賃貸するかどうかを検討するに当たっては、定期借地権のメリットだけでなく、不安定要素も念頭に置く必要があります。

2 定期借地権の３つの類型

Q 定期借地権の３つの類型とは、どのようなものでしょうか。

A 一般定期借地権、事業用定期借地権、建物譲渡特約付借地権の３つの類型があります。性格はそれぞれ異なります。

解説

　定期借地権には３つの類型がありますが、借地借家法は定期借地権を次のように規定しています。これらの概要を要約したものが**図表3-3**です。

借地借家法

（定期借地権）

第22条　存続期間を50年以上として借地権を設定する場合においては、第９条及び第16条の規定にかかわらず、契約の更新（更新の請求及び土地の使用の継続によるものを含む。次条第一項において同じ。）及び建物の築造による存続期間の延長がなく、並びに第13条の規定による買取りの請求をしないこととする旨を定めることができる。この場合においては、その特約は、公正証書による等書面によってしなければならない。

（事業用定期借地権等）

第23条　専ら事業の用に供する建物（居住の用に供するものを除く。次項において同じ。）の所有を目的とし、かつ、存続期間を30年以上50年未満として借地権を設定する場合においては、第９条及び第16条の規定にかかわらず、

契約の更新及び建物の築造による存続期間の延長がなく、並びに第13条の規定による買取りの請求をしないこととする旨を定めることができる。

2　専ら事業の用に供する建物の所有を目的とし、かつ、存続期間を10年以上30年未満として借地権を設定する場合には、第3条から第8条まで、第13条及び第18条の規定は適用しない。

3　前2項に規定する借地権の設定を目的とする契約は、公正証書によってしなければならない。

（建物譲渡特約付借地権）

第24条　借地権を設定する場合（前条第2項に規定する借地権を設定する場合を除く。）においては、第9条の規定にかかわらず、借地権を消滅させるため、その設定後30年以上を経過した日に借地権の目的である土地の上の建物を借地権設定者に相当の対価で譲渡する旨を定めることができる。

2　前項の特約により借地権が消滅した場合において、その借地権者又は建物の賃借人でその消滅後建物の使用を継続しているものが請求をしたときは、請求の時にその建物につきその借地権者又は建物の賃借人と借地権設定者との間で期間の定めのない賃貸借（借地権者が請求をした場合において、借地権の残存期間があるときは、その残存期間を存続期間とする賃貸借）がされたものとみなす。この場合において、建物の借賃は、当事者の請求により、裁判所が定める。

3　第1項の特約がある場合において、借地権者又は建物の賃借人と借地権設定者との間でその建物につき第38条第1項の規定による賃貸借契約をしたときは、前項の規定にかかわらず、その定めに従う。

図表3-3　定期借地権の種類

	一般定期借地権^(※1)	事業用定期借地権等	建物譲渡特約付借地権
根拠条文	借地借家法第22条	借地借家法第23条	借地借家法第24条
借地期間	50年以上	10年以上30年未満 30年以上50年未満	30年以上
利用目的	限定なし	事業用 （ただし、居住用には利用できません）	限定なし
手続き	更新等の排除の特約を公正証書等の書面^(※2)で行うことが必要です。	公正証書^(※3)により借地権設定契約を行うことが必要です。	契約後30年以上経過した時点で土地所有者が建物を買取ることをあらかじめ約束しておくことが必要です。
活用例	戸建住宅の敷地 マンションの敷地	ファミリーレストラン等の外食店、量販店から工場、倉庫等の敷地に至るまで幅広く利用されています。	設定された事例は極めて少ないと思われます。
備　考	借地期間満了に伴い借主は建物を取り壊して土地を返還する必要があります。	借地期間満了に伴い借主は建物を取り壊して土地を返還する必要があります。	契約後30年以上経過し、土地所有者が建物を買取った時点で借地権が消滅します。

（※１）　条文（第22条）には単に「定期借地権」と規定されていますが、他の種類の定期借地権と区別する意味で上記のとおり記載しました。

（※２）　一般定期借地権の場合、契約書の作成は公正証書で行うことが望ましいのですが、必ずしも公正証書によらなければならないとは規定されていないため、普通の書面でも有効です。

（※３）　一般定期借地権に対し、事業用定期借地権の場合は必ず公正証書によらなければならない（すなわち、公正証書でなければその効力を生じない）とされています。

チェックポイント

1. 一般定期借地権の場合、契約書の作成は必ずしも公正証書によらなければならないとは規定されていないため、普通の書面でも有効です。

2. 事業用定期借地権の場合は、公正証書を作成しなければ効力を生じません。

3. 建物譲渡特約付借地権の場合、契約後30年以上経過した時点で土地所有者が建物を買取ることをあらかじめ約束しておくことが必要です。

3 定期借地権にも価格が発生するか

Q 定期借地権単独での取引慣行はまだ形成されていないようですが、定期借地権にも価格が発生する場合があるのでしょうか。

A 価格が発生するケースも考えられますが、その状況は個別的に異なると思われます。

解説

1 定期借地権と取引慣行

　普通借地権（旧借地法における借地権を含む）については、市場における取引慣行のある地域が多く見受けられますが、定期借地権の場合は、まだそれだけの慣行が形成されているとはいえません。

　旧借地法における借地権の場合、借地契約の際に権利金を授受していなくても、その後の地価上昇に見合った地代改定が行われず、借地権者に経済的利益が生じて、これが借地権の価格が発生する源泉となったケースも多く見受けられます。ここにいう経済的利益とは、地価に見合った地代と実際支払地代との差額、すなわち借地権者に生じた借り得部分を意味します。

　もちろん、権利金が授受されているケースでは、契約締結時に権利金相当額に見合う借地権の価格が生じていたといえます。なかには、権利金を授受せず、かつ相応の水準の地代を支払い続けていて借り得の生じていない場合でも、長期間にわたって借地権者が独占的に当該土地を利用できることから借地権の価格が生じ、これが取引の対象となるケースも多く混在していました。

2 定期借地権とその価格

　前記のような傾向が、定期借地権の場合にも当てはまるかどうかが問題となります。定期借地権について取引慣行が形成されており、しかも、権利金の支払いが慣行としてなされていたり、地価上昇に見合う地代との差額が発生していれば普通借地権並みに取り扱ってよい部分もあると考えられます。ただし、残存期間の短くなった定期借地権は別です。定期借地権の多くは、取引の成熟度の高い普通借地権についての市場動向を反映させた評価方法を適用し得ないものと思われます。

　また、定期借地権の設定時には地価に見合った地代を反映していたケースが多く、契約書のなかに、支払地代に占める純賃料（＝支払地代－公租公課等）を契約締結後のGNP成長率や消費者物価変動率等にスライドして改定後の地代を求める旨の条項が織り込まれているものが多くみられます。このような方式を採用して定期借地権設定契約を締結しているケースでは、借地権者に借り得が生ずることは考え難く、これを根拠とした定期借地権価格は発生しないと考えた方が合理的といえます。

　このような状況を鑑みれば、定期借地権と価格との関係は、結局は個々の状況に即して判断する以外にないのですが、一面において普通借地権の場合との共通点もあります。借地借家法第19条第1項では、賃借権の譲渡または転貸について借地権設定者が承諾しない場合に、その承諾に代わる裁判所の許可制度を設けていますが、これが定期借地権の場合にも該当します。

　定期借地権は、（中略）借地関係に関する法律の規定のうち適用が排除される規定以外のところでは、普通の借地権と同じ法律の適用を受けます。

　［出典］法務省民事局参事官室編『一問一答　新しい借地借家法』商事法務研究会、1992年3月

　そのため、建物が付着している定期借地権（定期借地権付建物）については譲渡性が認められ、建物と一体となった場合に定期借地権の市場価値が顕在化する可能性があります。このようなケースについても、定期借地権価格発生の源泉としてとらえることができます。

　なお、定期借地権の特徴として、契約時に借地権者から借地権設定者に保証金（契約満了時に借地権者に返還される金銭）を支払う例の方が圧倒的に多くなっています。しかし、仮に権利金という名目で一時金が借地権者から支払われた場合でも、定期借地権の価値は契約期間の経過とともに逓減することから、当初支払われた権利金の全額が借地権価格の全部または一部を構成するという考え方は適用できません。この点が普通借地権と異なります。

チェックポイント

1. 定期借地権の本質的な特徴を考慮すれば、その価格発生の源泉について普通借地権と全く同様に考えることはできません。そのため、定期借地権の多くは、取引の成熟度の高い普通借地権の評価方法を適用できないと思われます。

2. 定期借地権設定契約書のなかに、物価変動率等にスライドして改定後の地代を求める旨の条項が織り込まれているケースについて、借地権者に借り得が生ずる可能性は低いといえます。

3. 賃借権の譲渡または転貸について、借地権設定者の承諾に代わる裁判所の許可制度が設けられています。これを根拠とすれば、定期借地権付建物について譲渡性が認められ、建物と一体となった場合に定期借地権の市場価値が顕在化する可能性があります。

4. 権利金という名目の一時金が借地権者から支払われた場合でも、定期借地権の価値は契約期間の経過とともに逓減します。この点に普通借地権との相違がみられます。

4 前払地代方式による定期借地権設定契約と価格との関係

Q 定期借地権設定契約を締結する際、権利金にかえて前払地代方式を採用するケースが増えていますが、定期借地権価格との関係において、どのような点に留意すべきですか。

A 前払地代方式とは、地代の一部または全部を一括して前払いする方式です。税務処理の特徴に留意しておく必要があります。

解説

1 前払地代方式とは

定期借地権の特徴として、次の点が鑑定評価における留意事項としてあげられています（不動産鑑定評価基準運用上の留意事項Ⅷ．1．（3）．③）。

・定期借地権は、契約期間の満了に伴う更新がなされないこと。

・契約期間満了時において、借地権設定者に対し、更地として返還される場合または借地上の建物の譲渡が行われる場合があること。

現在、定期借地権の設定契約時には、旧法下の借地権にみられるような権利金の授受が行われている例は少なく、前払地代と呼ばれる一時金の授受が多く行われているようです。そして、このような一時金が借地権価格または底地価格を構成するか否かは、その名称を問わず、一時金の性格、社会的慣行等を考察して個別に判定する必要があるとされています（不動産鑑定評価基準運用上の留意事項Ⅷ．1．（3）．②）。

このように、定期借地権にかかる前払地代方式が採用された背景には、

税務上の取扱いが明確にされたことが指摘されています。これは、平成16年12月16日付で国土交通省土地・水資源局長より発出された「定期借地権の賃料の一部又は全部を前払いとして一括して授受した場合における税務上の取り扱いについて（照会）」に対してなされた平成17年1月7日付国税庁課税部長の回答によるものです。

　すなわち、契約期間の満了前における契約解除または中途解約時の未経過部分に相当する金額の借地権者への返還等を取り決めている場合には、契約時に一時金として授受されていても、当該年分の賃料に相当する金額での税務処理が可能となったためです。これに伴い、平成26年の不動産鑑定評価基準改正時に、定期借地契約において授受される前払地代を新たな一時金として位置付けています。

　ところで、ここにいう前払地代とは、地代の一部または全部を一括して前払いした場合の一時金を指します。そして、特に定期借地権の前払地代については、契約期間にわたって賃料の一部または全部に充当されることになります。

　そして、未経過前払地代（前払いで受領した地代のうち期間が到来していない分）は時間の経過とともに年々の地代に充当されていくため、その運用益及び償却額を通じて定期借地権価格に影響を及ぼすといえます。すなわち、旧法下の借地権価格は、実際に授受している地代がその土地の時価（経済価値）に見合った地代に比べて著しく低廉であることから、借地権者に借り得部分が生じ、これが借地権価格を構成する大きな源泉であったのに対し、前払地代方式によった場合は一部分が年々の地代に加算されるため、借り得部分が生じなくなるケースもあり得るからです。特に、契約時に設定された定期借地権の新規地代が相応の水準にあり、これに前払分が加算されれば経済地代と実際支払地代の差額が生じないということになります。

　加えて、権利設定の対価としての性格を有する一時金（権利金）も授受

されていなければ、旧法下の借地権と比べて弱いものがあり、金銭面から定期借地権価格の存在を裏付ける根拠は希薄となります。この点で、借地権者に一切返還されることがなく、借地権の対価を構成する性格を持つ権利金とは大きく異なります。

ただし、契約期間の長短はあるものの、定期借地権は普通借地権（旧法下の借地権も含む）と同様に「土地を長期間占有し、独占的に使用収益し得る借地権者の安定的利益」（不動産鑑定評価基準各論第1章第1節Ⅰ.3.（1）.①.ア）を有することは明らかです。これは、使用借権に価値を認める理由と共通するものがあります。さらに、定期借地権の場合、契約期間が経過していくにつれてその価値が限りなく逓減するという点も、判断を難しくさせる要因の一つといえます。

2 定期借地権の価格発生の要因

現在、定期借地権の設定契約時には、前払地代方式が多く採用されている傾向にあります。この方式によった場合、前払地代の一部分が年々の地代に加算されるため、筆者は旧法下において借地権価格発生の大きな要因とされた「借り得部分」の有無だけで定期借地権価格発生の要因を根拠付けるのは難しいと考えています。

しかし、今後の市場の状況によっては賃料差額が発生し、その状態が継続するケースも考えられます。その際には、定期借地権の取引慣行の成熟の程度を考慮の上、差額の全部が取引の対象となるのか、一部のみであるのかを判定する必要が生じます。

さらに、「借り得」部分の存在を根拠に賃料差額還元法を適用して定期借地権価格を試算するに当たっては、契約期間の満了前に借地権者による建物の取壊しが予定されるため、当該費用の現在価値を定期借地権価格から控除することも必要です。

チェックポイント

1. 定期借地権の設定契約時には、前払地代と呼ばれる一時金の授受が多く行われています。その背景には、契約時に一時金として授受されていても、当該年分の賃料に相当する金額での税務処理が可能であることがあげられます。

2. 前払地代方式を採用している場合、授受された金額が契約期間にわたって賃料の一部または全部に充当されます。

3. 未経過前払地代はその運用益及び償却額を通じて定期借地権価格に影響を及ぼすといえます。しかし、旧法下の借地権のように地代の差額を大きな拠り所として定期借地権価格の有無を判断することは難しいといえます。

4. 定期借地権の取引慣行が未成熟な現段階では、契約後の経過期間、賃料の水準、市場における需給状況、建物の構造等を踏まえ、使用借権との価格バランスも考慮した個別的な対応になると思われます。

5 定期借地権の評価に当たって特に留意すべき事項

Q 定期借地権の評価に当たり、普通借地権（旧借地法における借地権を含む）や使用借権の場合と比較して、特に留意すべき事項はありますか。

A 定期借地権は、契約期間中に建物の建築及び解体が行われるため、全期間にわたって建物の使用収益ができない点に留意する必要があります。

解説

定期借地権をめぐっては市場における取引慣行が未成熟なところがあり、契約期間が経過していくにつれてその価値が漸減していくなど、普通借地権にはみられない特徴があります。以下、定期借地権の価格を評価する必要が生じた場合、普通借地権や使用借権と比較して、どのような点に留意すべきかを解説します。

1 契約期間中に借地権者が使用収益できない期間があること

定期借地権について、契約締結から満了時の更地返還までの流れは**図表3-4**のとおりです。

また、借地上に建物を建築し、土地建物一体としての複合不動産を賃貸に供することを想定した場合の全体の流れを示したものが**図表3-5**です。

このように、定期借地権の場合、支払地代は契約期間全体に及びますが、借地権者が土地建物を一体として使用収益し得る期間は土地賃貸借期

図表3-4　定期借地権の契約締結から更地返還までの流れ

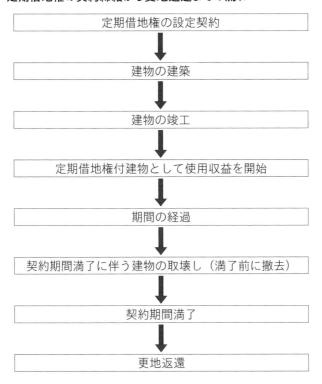

間ではなく、建物の建築及び取壊し期間を除いたものとなる点に留意が必要です。これに対して、普通借地権の場合、契約期間が満了しても、賃貸人（借地権設定者）に更新を拒絶するための正当事由がなければ契約は更新されるため、評価上、建物の取壊し期間を考慮する必要は生じません。

なお、不動産鑑定評価基準においても、定期借地権の評価に当たって総合的に勘案すべき事項として、以下をあげています（不動産鑑定評価基準各論第1章第1節I.3（1）.②)。

・借地期間満了時の建物等に関する契約内容

・契約期間中に建物の建築及び解体が行われる場合における建物の使用収益が期待できない期間など

図表3-5　定期借地権の設定契約から期間満了まで

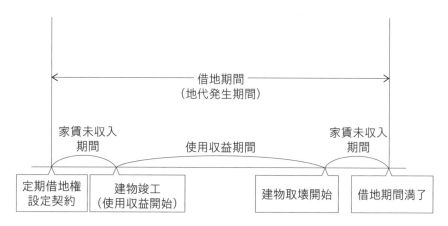

［出典］公益社団法人日本不動産鑑定士協会連合会鑑定評価基準委員会「不動産鑑定評価基準に関する
　　　　実務指針―平成26年不動産鑑定評価基準改正部分について―」(2014年 9 月、2017年 5 月一部
　　　　改正）をもとに作成

2 定期借地権と使用借権

　定期借地権も使用借権も、 契約期間満了とともに貸主に土地を返還しなければならない点では共通していますが、 次の点に相違がみられます。

① 　定期借地権の場合は一定の要件を満たせば譲渡や転貸が可能ですが、 使用借権の場合は譲渡性がありません。

② 　定期借地権の場合は借地権者が死亡してもその権利を相続人が引き継ぐことができますが、 使用借権の場合は一代限りで相続できないため、 借主の死亡によって契約は終了します。

　そのため、 更地価格に対する価格割合を比較した場合、

　　　　　定期借地権の価格割合 ＞ 使用借権の価格割合

となると考えられます。

③ 定期借地権と普通借地権

　定期借地権は、既出のとおり、普通借地権の場合に認められる契約更新、期間の途中で建物を再築した場合の契約期間の延長、期間満了時に借地権設定者が契約更新しない場合の借地権者からの建物買取請求権が認められていません（定期借地権の類型のうち、建物譲渡特約付定期借地権に属するものは除く）。

　なお、ここで留意すべき点は、定期借地権についても建物の再築自体は認められるということです。ただし、契約期間の途中で建物の再築が行われたとしても、それによって存続期間が延長されるわけではなく、当初定められた期間の到達によって契約は満了します。

　そのため、権利の強弱という側面に照らした場合、更地価格に対する価格割合は、

　　　　　　普通借地権の価格割合 ＞ 定期借地権の価格割合

ということができます。

　前記②と併せて相互の関係を比較すると、

　　　　　普通借地権の価格 ＞ 定期借地権の価格 ＞ 使用借権の価格

という結果となります。

④ 事業用定期借地権との関連

　事業用定期借地権の場合、借地権者の事業収益との関連から負担力に見合った地代が設定されている場合には、当該地域の標準的な地代水準よりも相対的に高く、なかには従来から供給されてきた普通借地権の利回りに比べて著しく高いものもあります。このようなケースにおいては、高い利回りの地代が将来にわたって継続するか否かの分析、借主からの解約申入れの可否やその際の違約金条項についての確認が必要です。

5 定期借地権付建物と原価法

　現時点では、 定期借地権単独としての取引慣行は見い出すことができません。 定期借地権の取引とされるもののほとんどは、 建物付きのもの（定期借地権付建物）であるといえます。 そのため、 定期借地権の価格は、 建物と一体化してはじめて顕在化するというケースも考えられます。 定期借地権と建物を一体とした場合の価格が、 建物自体の価格よりも高いと判断される例もあります。 平成26年の不動産鑑定評価基準の改正においても、 このような事情を反映し、 「借地権単独では取引の対象とされないものの、 建物の取引に随伴して取引の対象となり、 借地上の建物と一体となった場合に借地権の価格が顕在化する場合がある」 としています （不動産鑑定評価基準運用上の留意事項Ⅷ．１．（３）．①）。

　したがって、 定期借地権付建物の鑑定評価に当たり原価法を適用する場合には、 顕在化する借地権の価格を適切に把握する必要があります。

6 定期借地権の残存期間との関連

　理論的に考えれば、 定期借地権は契約の残存期間が短くなればなるほど価値が低くなり、 期間満了時にはゼロになります。 そのため、 残存期間が僅かであれば有償で取引が行われない可能性もあり、 契約満了に至らない時点でも価格が発生しないということも考えられます。

　また、 定期借地権の残存期間と借地上の建物の経済的耐用年数は基本的に一致するといえますが、 そうでない場合でも、 借地権の残存期間を超えて建物の経済的耐用年数を設定すると整合性がとれなくなります （**図表3-6**）。 したがって、 原価法を用いた建物評価に当たっては、 この点に留意する必要があります。

図表3-6　借地権の設定期間

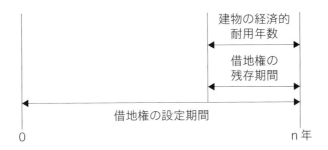

7　不動産鑑定評価基準における定期借地権の鑑定評価手法

　不動産鑑定評価基準では、普通借地権につきその取引慣行の成熟の程度が低い場合は、次の手法による旨規定していますが、定期借地権の場合もこれに準じて評価することが合理的と考えられます。

●不動産鑑定評価基準

イ　借地権の取引慣行の成熟の程度の低い地域

　借地権の鑑定評価額は、土地残余法による収益価格、当該借地権の設定契約に基づく賃料差額のうち取引の対象となっている部分を還元して得た価格及び当該借地権の存する土地に係る更地又は建付地としての価格から底地価格を控除して得た価格を関連づけて決定するものとする。

（各論第１章第１節I．3．（1）．②）

チェックポイント

1. 定期借地権は、現時点では取引慣行が未成熟です。また、契約期間が経過していくにつれてその価値が逓減していくなど、普通借地権にみられない特徴があります。

2. 定期借地権の場合、支払地代は契約期間全体に及びますが、借地権者が土地建物を一体として使用収益し得る期間は、土地賃貸借期間から建物の建築及び取壊し期間を除いたものとなります。

3. 定期借地権は、一定要件を満たせば譲渡や転貸が可能です。

4. 理論的な価格割合は以下のとおりです。

   普通借地権の価格 ＞ 定期借地権の価格 ＞ 使用借権の価格

5. 事業用定期借地権の場合、利回りの高いものに関しては、その水準の地代が将来にわたって継続するか否か、借主からの解約申入れの可否、その際の違約金条項についての分析と確認が必要です。

6. 定期借地権付建物の鑑定評価に当たり原価法を適用する場合、顕在化する借地権の価格を適切に把握する必要があります。

7. 定期借地権の残存期間と借地上の建物の経済的耐用年数は基本的に一致するといえます。そうでない場合でも、借地権の残存期間を超える建物の経済的耐用年数の設定はできません。

8. 定期借地権の鑑定評価手法は、普通借地権における取引慣行の成熟の程度が低い場合の手法に準ずることが合理的と考えられます。

6 他の評価基準による 定期借地権の評価規定

Q 競売や相続税の財産評価において、定期借地権はどのように評価されているのでしょうか。

A 競売や相続税の財産評価では、鑑定評価とは異なる方法で定期借地権の評価が行われます。

解説

1 競売における定期借地権の評価

東京競売不動産評価事務研究会編「競売不動産評価マニュアル（第3版）」（『別冊判例タイムズ』判例タイムズ社、2011年3月）では、定期借地権付建物の評価方法について、以下のとおり規定しています。

○基本式

| 定期借地権の評価額 | = | 建付地価格 | × | 敷地面積 | × | 既存借地権割合 | × | 定借減価率 | × | （1−名義書換料相当率） |

（この後に、建物価格を加え、競売市場修正等を施す）

［出典］東京競売不動産評価事務研究会編「競売不動産評価マニュアル（第3版）」『別冊判例タイムズ』判例タイムズ社、2011年3月

ここに登場する定借減価率とは、個々の契約内容、残存期間及び定期借地権であることによる心理的マイナス面等を考慮した既存借地権（割合）と

の比較における減価率を指します。 その目安は次のとおりです。

---

① 一般定期借地権

　1） 設定当初〜 20年程度経過　 30%〜 60%減

　2） 20年〜 40年程度経過　　 60%〜 80%減

　3） 40年超経過　　　　　　 80%〜 100%減

② 事業用定期借地権

　約定期間が10年以上30年未満　 50 〜 100%減

　約定期間が30年以上50年未満　 30 〜 100%減

③ 建物譲渡特約付借地権

　1） 設定当初〜 20年程度経過　 30 〜 60%減

　2） 20年超経過　　　　　　 60 〜 90%減

［出典］東京競売不動産評価事務研究会編 「競売不動産評価マニュアル （第 3 版）」『別冊判例タイム
　　　ズ』判例タイムズ社、 2011年 3 月から一部抜粋

---

2 相続税の財産評価基本通達における定期借地権の評価

（1） 考え方

　財産評価基本通達では、 定期借地権の評価方法についても明文で規定し
ています。 なお、 ここで留意すべきことは、 この評価方法は課税上の定期
借地権割合であって、 市場取引の結果や取引慣行に基づいて定められた割
合とは異なるということです。 しかし、 市場における定期借地権割合につい
て明確なものがないため、 一つの参考になると思われます。

○財産評価基本通達における定期借地権等の評価方法

　定期借地権の価額は、 原則として、 課税時期において借地権者に帰属す
る経済的利益及びその存続期間を基として評定した価額によって評価しま
す。 ただし、 課税上弊害がない限り、 次の算式によります （財産評価基本
通達27-2)。

定期借地権等の価額＝課税時期における自用地の価額×

借地権設定時における定期借地権割合[※1]×

定期借地権の逓減率[※2]

（※１）借地権設定時における定期借地権割合は、以下の算式によります。

$$\frac{\text{借地権設定時における借地権者に帰属する経済的利益の総額}}{\text{借地権設定時におけるその宅地の通常の取引総額}}$$

なお、分子の「借地権設定時における借地権者に帰属する経済的利益の総額」は、次に掲げる金額となります（同通達27-3）。

　ア　権利金の授受がある場合……当該権利金の額

　　　権利金、協力金、礼金などその名称を問わず借地契約の終了のときに返還を要しないものとされる金銭をいいます。

　イ　保証金、敷金等の授受がある場合……保証金、敷金等の授受に伴う経済的利益の額

　　　なお、無利息の保証金の授受があるときは、次の算式によります。

　　　保証金の額に相当する金額－（保証金の額に相当する金額×設定期間年数に応ずる基準年利率による複利現価率）

　ウ　地代が低額で設定されている場合……毎年享受すべき差額地代の現在価値

　　　差額地代の額×設定期間年数に応ずる基準年利率による複利年金現価率

（※２）定期借地権の逓減率は、以下の算式によります。

$$\frac{\text{課税時期における残存期間年数に応ずる基準年利率による複利年金現価率}}{\text{設定期間年数に応ずる基準年利率による複利年金現価率}}$$

　これらの算式に登場する基準年利率については、課税時期の属する月の年数または期間に応じて、短期、中期及び長期に区分の上、各月ごとに定められています（同通達4-4）。基準年利率は法令解釈通達として３ヶ月ごとに国税庁ホームページに掲載されており、複利表も添付され、複利現価率や複利年金現価率等が分かるように作成されています。

参考までに、複利年金現価率及び複利現価率の定義と算式は、次のとおりです。

・複利年金現価率

　複利年金現価率とは、毎年期末払いの収益がn年間続く場合の、当該収益と運用益の現在価値の合計を求めるために用いられるものです。算式は次のとおりです。

$$\frac{(1+Y)^n - 1}{Y(1+Y)^n}$$

$$n：年数$$

$$Y：年利率$$

・複利現価率

　複利現価率とは、n年後またはm月後期末の一定額を期首に割り引くために用いられるものです。収益還元法では、将来の純収益の現在価値を求めるために用いられます。算式は次のとおりです。

$$\frac{1}{(1+Y)^n}$$

　月単位の場合は、分母のnを「m／12」に置き換えます。

［出典］公益社団法人日本不動産鑑定士協会連合会『不動産鑑定評価の実務に関する講義テキスト』2020年11月をもとに作成

（2）設例

　簡素化した設例を用いて、財産評価基本通達に基づく定期借地権の価格を試算します。

（前提）

・課税時期において一般定期借地権（契約期間50年）の設定後10年を経過し、残存期間が40年となっている場合の定期借地権の価額を試算します。

・定期借地権設定時の土地の時価　　3,000万円

・定期借地権設定時の相続税評価額（自用地価額）　2,400万円

・定期借地権設定時に授受された保証金　　600万円

　（無利息、期間満了時に借地権者に返還）

・年々の地代　　36万円（月額3万円）

・課税時期における土地の相続税評価額（自用地価額）2,400万円（簡素化
　のため設定時と同額とする）

・定期借地権の価額

$$2,400\text{万円} \times \frac{\overset{\text{（設定時における借地権者に帰属}}{\text{する経済的利益の総額）}}}{3,000\text{万円}} \times \frac{\overset{\text{（逓減率）}}{39.593\ (40\text{年})^{(※2)}}}{49.368\ (50\text{年})^{(※3)}}$$

$\fallingdotseq 10\text{万円}$（定期借地権の価額）

（※1）

　　計算式は以下のとおりです。なお、基準年利率はその時々で変化するため、
その利率に相応する複利年金現価率及び複利現価率を残存年数と対応させて求
める必要があります。

（保証金）		（保証金）		（50年の複利現価率）		（経済的利益）
600万円	－	（600万円	×	0.975	） ＝	15万円

　このような計算をするのは、賃貸人（借地権設定者）が借地権者から預かっ
た保証金600万円のうち585万円（＝600万円－15万円）を金融機関に預けて
おいた場合（年0.05％の複利で運用した場合を想定）、50年後にはこれが600
万円に増えていることになり、賃貸人にとって差額の15万円は権利金を預かっ
たのと同じ効果をもたらすと考えるためです。そうなれば、借地権者にとって
契約設定時に定期借地権の価値が15万円はあるということもできます。この金
額を出発点として、契約期間の経過に応じて価値割合を逓減させる計算をする

と考えれば、定期借地権の価額を求める本文の算式の意味をつかむことができます。

（※2）

基準年利率を0.05%、契約の残存期間を40年とした場合の複利年金現価率を表します。

（※3）

基準年利率を0.05%、契約期間を50年とした場合の複利年金現価率を表します。

チェックポイント

1. 鑑定評価において適用する借地権割合は、市場における取引慣行が形成されていることを前提にしています。定期借地権の場合、まだ取引慣行は成熟していませんが、一般の人がおおよその目安をつけたいという場合、競売評価の考え方や財産評価基本通達の規定が参考になります。いずれの規定も、評価の目的や特徴を踏まえた上で活用することが望まれます。

2. 財産評価基本通達の規定を適用して定期借地権の価額を求める際には、複利年金現価率及び複利現価率の意味を理解しておくことが不可欠です。

7 事業用定期借地権の設定契約書（公正証書作成時）の一例

Q 現在、最も多く設定されている事業用定期借地権の設定契約書（公正証書作成時）はどのようなものですか。また、鑑定評価に当たって、どのような点に留意して契約書を確認しますか。

A 事業用定期借地権は、私的な契約書のみでは効力がなく、公正証書の作成が必要となることに留意しましょう。鑑定評価に当たっては、特に期間や地代（改定方法を含む）、期間内解約条項の有無、期間満了時の原状回復と明渡返還等について十分に留意することが必要です。

解説

　事業用定期借地権の設定に当たっては、公正証書の作成が成立要件となります（借地借家法第23条）。

　そのため、事業用定期借地権の鑑定評価に際しては公正証書の内容を十分に確認する必要がありますが、本項では、公正証書を作成する前に契約当事者間で取り交わした「事業用定期借地権設定予約契約書」の一例を**図表3-7**に掲げます。

図表3-7　事業用定期借地権設定予約契約書

事業用定期借地権設定予約契約書

　貸主〇〇〇〇（以下「甲」という。）と借主〇〇〇〇（以下「乙」という。）とは、甲が所有する末尾記載の土地（以下「本件土地」という。）について、以下の条項により借地借家法（以下「法」という。）第23条に定める事業用定期借地権（以下「本件借地権」という。）の設定に関する予約契約（以下「予約契約」という。）を締結した。なお、本件土地内に借主の〇〇建物建設の着手が決定され次第、甲と乙は速やかに公証人役場において、公正証書により本契約に定める内容に基づく事業用定期借地権の設定契約（以下「本契約」という。）を締結するものとする。

（本契約の目的）
第１条　甲は、乙のために法第23条に定める本件借地権を設定する。
２．本件借地権については、法第23条の規定に基づき、法第３条（借地権の存続期間）、法第４条（借地権の更新後の期間）、法第５条（借地契約の更新請求等）、法第６条（借地契約の更新拒絶の要件）、法第７条（建物の再築による借地権の期間の延長）、法第８条（借地契約の更新後の建物の滅失による解約等）、法第13条（建物買取請求権）及び法第18条（借地契約の更新後の建物の再築の許可）ならびに民法第619条（賃貸借の更新の推定等）の適用はないものとし、甲は本件土地を乙に賃貸し、乙はこれを承諾の上、賃借する。

（使用目的）
第２条　乙は、本件土地を〇〇の用に供する末尾記載の建物（以下「本件建物」という。）を所有するために使用することができる。
２．乙は、本件建物を専ら前項の事業の用に供するものとし、居住の用に供してはならない。また、本件土地に居住の用に供する建物等、前項の事業の用に供する以外の一切の建物を建築してはならない。
３．乙が第１項に定める事業内容を変更しようとするときは、乙は、事前に甲に対し書面による通知を行い、事前に甲の書面による承諾を得るものとする。
４．乙が本件建物を増築または改築するとき、または本件土地に第１項の事業の用に供する建物を新築するときは、乙は、事前に甲に対し書面による通知を行い、事前に甲の書面による承諾を得るものとする。なお、その内容が、本契約の各条項及び関連法規に抵触せず、かつ、甲が損害を被らないことが明らかな場合、甲はその承諾を行うものとする。

（地代及び支払方法等）
第３条　本件土地の地代は月額金〇〇〇,〇〇〇円也とし、乙は翌月分を毎月末日までに下記銀行口座に振込みの方法で支払わなければならない（金融機関非営業日の場合は、翌日とする）。

　　　　　○○○○銀行○○店
　　　　　○○預金No. ○○○○○○○
　　　　　名義○○○○
２．前項に要する振込手数料は乙の負担とする。
３．乙の地代等の支払いの起算日は、賃貸借の開始日より３ヶ月を経過した時点とする。
４．１ヶ月に満たない期間の地代は、１ヶ月を30日として日割計算した額とする。

（賃貸借期間）
第４条　本契約の賃貸借期間は、本契約に基づく公正証書作成の日から20年間（令和○○年○月○日まで）とする。
２．法令の施行・改廃、行政処分その他不可効力等、甲・乙のいずれの責にも帰さない事由により本件土地の使用が不可能になった場合、本契約は終了する。
３．期間満了時に本件土地上に本件建物及びその他の建物が存在する場合（以下、本件建物を含む本件土地上の建物を「本件建物等」という。）でも、乙は、本契約の更新（土地の使用の継続によるものを含む。）を求めることができない。
４．本契約が終了したとき、乙は、本件土地上に存する本件建物等の買取りを甲に請求することができない。
５．本契約の存続期間中に本件建物等が滅失し、乙が本件土地上に建物を再築したとしても、本条第１項に定めた存続期間の延長はしない。

（公租公課）
第５条　本件土地に対する固定資産税・都市計画税は、所有者である甲がこれを負担する。

（地代等の改定）
第６条　甲及び乙は、次の各号の一つに該当する場合には、協議の上、地代等を改定することができる。
①　土地または建物に対する租税その他の負担の増減により地代が不相当となった場合
②　土地または建物の価格の上昇または低下その他の経済事情の変動により地代が不相当となった場合
③　近傍同種の建物の賃料に比較して地代が不相当となった場合

（遅延損害金）
第７条　乙が、地代等その他本契約に基づく債務の支払いを遅延したときは、年利14.6％の割合による損害金を甲は乙に請求できる。

（諸規則の遵守）
第８条　乙は、本土地の使用・管理に当たっては、防災・公害防止・安全衛生・防犯及び環境の整備保全等を行うとともに、諸法令、甲・乙協議の上合意した甲の諸規

則及び甲が必要とする指示を遵守する。

（善管注意義務）
第９条　乙は、本件土地を善良なる管理者の注意をもって使用し、公序良俗に反する
　　　行為をしてはならない。また、乙は管理規則等、本件土地の利用に関する諸規定を
　　　遵守しなければならない。

（立ち入り）
第10条　甲または甲の指定する者は、本件土地内の防火、本物件の構造の保全その
　　　他の本件土地の管理上特に必要があるときは、あらかじめ乙の承諾を得て、本件土
　　　地内に立ち入ることができる。
２．乙は正当な理由がある場合を除き、前項の規定に基づく甲の立ち入りを拒否する
　　　ことはできない。

（譲渡・転貸等）
第11条　乙は、理由の如何を問わず、本契約に基づく本件土地の使用に関する契約
　　　上の地位の全部または一部を、第三者に譲渡または転貸しようとする場合、もしくは
　　　承継させようとする場合、あるいは担保に供しようとする場合には、甲に対し事前に
　　　書面により通知を行い、甲の書面による承諾を得なければ、これを行うことができない。
２．前項により、乙が本契約に基づく本件土地の使用に関する契約上の地位の全部ま
　　　たは一部を、第三者に譲渡または承継させる場合、乙は、本契約に基づく権利義務
　　　の一切を当該第三者に承継させなければならない。

（第三者による使用）
第12条　乙は、その所有に係る本件建物等を第三者に使用させようとする場合には、
　　　甲に対し事前に書面により通知を行い、甲の書面による承諾を得るものとする。な
　　　お、当該通知の内容が、本契約の各条項及び関連法規に抵触せず、かつ、甲が損
　　　害を被らないことが明らかな場合、甲は、その承諾を行うものとする。

（第三者に対する土地の譲渡等）
第13条　甲は、本件土地を譲渡する場合、乙に対し書面で通知するものとする。
２．前項の場合、甲は、本契約に基づく権利義務の一切を本件土地取得者に承継さ
　　　せるものとする。

（代表者等の変更に伴う届出義務）
第14条　甲及び乙において、その所在地、代表者名、商号に変更があった場合には、
　　　ただちにその旨を相手方に通知しなければならない。

（期間内解約）
第15条 乙は、都合により契約期間中に本契約を解約する場合には、甲に対し、6ヶ月前までに、書面により解約の申入れをすることができる。

（反社会的勢力の排除）
第16条 （省略）

（契約の解除）
第17条 甲は、乙が次の各号のいずれかに該当したときには、乙に対し事前に通知、催告することなく、直ちに無条件で本契約を解除することができる。
① 解散したとき。
② 手形不渡処分を受けるなど支払停止の状態に陥ったとき。または銀行等金融機関との取引が停止されたとき。
③ 仮差押、仮処分、差押により本契約の前提となる信頼が破壊されたとき、競売、破産、会社整理開始、会社更生手続開始、民事再生手続開始の申立があったとき、または清算に入ったとき。
④ 租税課金を滞納して督促を受けたとき、または保全差押を受けたとき。
2．甲または乙は、相手方が次の各号のいずれかに該当したときには、直ちに本契約を解除することができる。
① 相手方が本契約に違反し、是正期間を双方協議の上に定め、その後是正を催告したにもかかわらず、相手方が是正しないとき。
② 本契約を継続するには、相手方に重大な支障があると認めたとき。
③ 前条の確約に反したとき。

（土地の原状回復及び明渡返還）
第18条 期間満了により本契約が終了する場合、乙は、本契約終了の6ヶ月前までに、本件土地上の建物の取壊しに関する事項（取壊しの着工予定日、工事期間、施工業者等）その他本件土地明渡しに必要な事項について、甲に対し書面により通知し、甲の承認を得た上で、期間満了時までに、乙の費用をもって本件建物等を収去し、本件土地を原状に復し（更地）、無償にて甲に明渡さなければならない。
2 乙は、本契約の一部もしくは全部が解約・解除されたとき、または第4条第2項により本契約が終了した場合は、直ちに前項に記載する事項について甲に通知し、甲の承認を得た上で、乙の費用をもって本件建物を収去し、本件土地を原状に復し（更地）、無償にて甲に明渡さなければならない。
3 乙は、前2項の本件建物等の収去後、直ちに本件建物等の滅失登記を行うものとする。

（紛争等の禁止）

第19条　乙は、本件土地内及びその周辺において、乙の関係者または第三者との紛争等、甲に迷惑を及ぼす恐れのある一切の行為を行わないものとし、万一紛争等が生じた場合、乙は、自己の責任と負担により解決処理するものとする。

2　前項の場合、甲もしくは甲の従業員または第三者に迷惑、損害を与えたときは、乙は、その賠償の責めを負うものとする。

（損害賠償等）

第20条　乙または乙の従業員は、本件土地内において紛争等双方に迷惑のかかる一切の行為を行わないものとし、万一乙または乙の従業員の故意または過失により紛争等が生じた場合、または損害等を与えた場合は、乙は自己の責任と負担により解決・処理し、甲に対して一切の迷惑または損害を及ぼさないものとする。

（無償返還）

第21条　本契約の終了、解約または解除のとき、乙は、甲に対して本件土地上の建物等の買取請求及び代替地、立退料、移転補償料、権利金の請求等名目の如何を問わず、借地権返還の対価となる金銭の請求ならびに一切の補償請求等は行うことはできず、無償で明渡し、甲に返還しなければならない。

2　甲及び乙は、前項の事項を明確にするため、所轄の税務署に、無償返還に関する届出書を甲・乙連署により提出するものとする。

（特約事項）

第22条　本契約の終了時点において乙所有建物が存在し、かつ、甲においてもその後の自己使用等の計画がない場合、乙は甲との間で本件土地の新たな事業用定期借地権設定契約を優先的に締結する。

（管轄裁判所）

第23条　本契約について紛争が生じたときは、本件土地の所在地を管轄する裁判所を第一審の管轄裁判所とする。

（規定外事項）

第24条　本契約に定めのない事項については、民法その他の法令及び慣行に従い、甲、乙協議の上、誠意をもって解決するものとする。

（公正証書作成費用）

第25条　甲及び乙は、公正証書により本契約を締結し、公正証書作成に要する費用は甲・乙折半とする。

　本契約の成立を証するため本書 2 通を作成し、署名押印の上、甲・乙各 1 通を保有する。

令和〇年〇月〇日
　　（甲）住所・氏名

　　（乙）住所・氏名

（土地の表示）
　　省略

（予定建物の表示）
　　省略

【留意点】
（1）第 4 条との関連

　本条では、賃貸借期間を公正証書作成の日から20年間としています。借地借家法施行当時（平成 4 年 8 月 1 日）においては、事業用定期借地権の場合、契約期間は10年以上20年未満と規定されていましたが、平成20年 1 月 1 日施行の借地借家法（改正法）で、次の 2 つの期間を選択できるようになりました。

① 存続期間を10年以上30年未満とするもの
② 存続期間を30年以上50年未満とするもの

本件の場合、上記①に基づき契約期間を20年間としたものです。

　以上のほか、本条には、契約期間が満了しても更新をしない、建物買取請求権を行使しない、期間中に建物を再築しても契約期間を延長しないことが規定されているのが特徴で、事業用定期借地権の成立要件ともいえるものです。

（2）第15条との関連

　事業用定期借地権設定契約の期間内解約に関する定めです。本契約書では、賃借人の都合により契約期間内に本契約を解約する場合には、賃貸人に対し、6ヶ月前までに書面で申入れができる旨定めています。

　事業用定期借地権設定契約の場合、中途解約条項を定めていなければ契約期間中は解約できないことになりますが、本条ではこれを定めることにより、賃借人に中途解約の途を与えたものです。なお、仮に賃貸人の側から中途解約ができる旨の合意がされている場合でも、賃貸人に正当事由が具備されていない限り、これが認められない点に留意が必要です。

（3）第22条との関連

　本契約では、特約事項として、契約が終了した時点で賃借人の所有する建物が存在し、かつ、賃貸人においてその後の使用計画がない場合、現賃借人との間で新たな事業用定期借地権設定契約を優先的に締結する旨を定めています。このような特約を定めることも珍しいことではありません。

チェックポイント

1. 事業用定期借地権の設定に当たっては、公正証書の作成が成立要件となります。

2. 事業用定期借地権の特徴は、契約期間が満了しても更新をしない、建物買取請求権を行使しない、期間中に建物を再築しても契約期間を延長しないこと等にあります。

3. 事業用定期借地権設定契約の期間内解約に関する定めがあるかについて、賃借人側からの確認が必要です。賃貸人からの期間内解約は、賃借人に契約違反等がない限り認められていません。

第**4**章

借地借家法が
適用されない
土地利用権

1-1 使用借権とその価格 (賃借権と使用借権の相違点)

Q 賃借権と使用借権の相違点は何ですか。

A 賃貸借は有償の契約であり、使用貸借は無償の契約です。これが権利の強弱の相違となって現れてきます。

解説

1 使用借権とは

まず、使用借権とは、使用貸借契約（無償）に基づき他人の物を使用収益することができる権利であり（民法第593条）、使用借権は債権の一種とされています。

> **民法**
> **（使用貸借）**
> **第593条**　使用貸借は、当事者の一方がある物を引き渡すことを約し、相手方がその受け取った物について無償で使用及び収益をして契約が終了したときに返還をすることを約することによって、その効力を生ずる。

また、使用貸借の場合、借主は契約またはその目的物の性質によって定まった用法に従い、その物の使用及び収益をしなければなりません（民法第594条第1項）。

賃貸借と使用貸借の基本的な相違は、使用収益の対価が有償か無償かと

いう点にあります。 ちなみに、 建物の所有を目的として土地を貸し借りする場合、 契約の方法として賃貸借による方法と使用貸借による方法があります。 なお、 地上権の設定という方法もありますが、 極めて稀であるため、 ここでは省略します。

2 賃借権に該当する場合

賃貸借とは、 当事者の一方がある物の使用及び収益を相手方にさせることを約し、 相手方がこれに対してその賃料を支払うこと、 及び引渡しを受けた物を契約が終了したときに返還することを約することによってその効力を生ずるものです （民法第601条）。 これに対し、 使用貸借は、 当事者の一方が無償で使用及び収益をした後に返還することを約して相手方からある物を受け取ることでその効力が生じます。

ただし、 次の判例にもみられるとおり、 借主が固定資産税等相当額を負担する場合でも、 これを使用貸借と認めているケースがあります。

建物の借主が該建物を含む貸主所有の不動産に賦課された固定資産税等の公租公課の支払を負担する等原判示事実があるとしても、 右負担が建物の使用収益に対する対価の意味をもつものと認めるに足りる特段の事情のないかぎり、 当該貸借関係は使用貸借であると認めるのが相当である。

［出典］最高裁昭和41年10月27日判決民集第20巻 8 号1649頁

このほか、 一般の物の賃貸借と異なり、 建物所有を目的とする土地の賃貸借の場合、 民法の特別法である借地借家法が適用され、 借主の立場が強く保護されています。 そのため、 賃借権は地上権 （物権） に比べれば権利面で弱い点があるものの、 賃借権の物権化現象という言葉に象徴されるとおり、 その地位が相当程度高められていることは事実です。

❸ 使用借権と賃借権の基本的な相違点

　土地の賃借権は、登記をすることによりその権利を第三者に対抗（主張）できます。地主の承諾が得られず登記をすることができない場合でも、建物の登記をすることにより第三者に対抗することができます（借地借家法第10条第1項、建物保護法第1条）。

　使用借権の場合、建物所有を目的とする契約であっても借地借家法の適用がなく、しかも存続期間は借主一代限りのものであり、譲渡性も認められていません。

　さらに、不動産登記法の規定から読み取れるとおり、登記自体が認められず、仮に借地上の建物の登記がされていても、借地借家法の規定が適用されないため、敷地の使用借権を第三者に対抗することはできません。

不動産登記法

（登記することができる権利等）

第3条　登記は、不動産の表示又は不動産についての次に掲げる権利の保存
　　等（保存、設定、移転、変更、処分の制限又は消滅をいう。以下省略）に
　　ついてする。
　　一　所有権
　　二　地上権
　　三　永小作権
　　四　地役権
　　五　先取特権
　　六　質権
　　七　抵当権
　　八　賃借権
　　九　配偶者居住権
　　十　採石権（省略）

以上のとおり、使用借権は賃借権と比べて弱い権利であり、特に第三者に対する対抗力の面で弱い権利として扱われています。

　使用借権に対抗力が認められない理由として、通常、使用借権が設定されるのは、特殊な人的関係（親子、兄弟、夫婦間等）において賃料が無償とされているような場合であり、あえて第三者対抗要件を備える必要はないと考えられていることがあげられます。

チェックポイント

1. 賃貸借と使用貸借の基本的な相違は、使用収益の対価が有償か無償かという点にあります。

2. 使用借権の場合、建物所有を目的とする契約であっても借地借家法の適用はありません。

3. 使用借権は借主一代限りのものであり、譲渡性も認められていません。

4. 使用借権には登記も認められず、仮に借地上の建物の登記がされていても、敷地の使用借権を第三者に対抗することはできません。

1-2 使用借権とその価格 （使用借権にも価格が認められるか）

Q 使用借権は賃借権と比べて弱い権利ですが、このような権利にも価格（経済価値）が認められるのでしょうか。

A 使用借権の権利は弱いのですが、借主の利益に着目して価値を認めているケースが見受けられます。

解説

1 使用借権の経済価値

　前項でも述べたとおり、使用借権に第三者対抗力が認められないとしても、使用借権に経済価値が全くないというわけではありません。使用借権は、定められた期限の到来、返還の時期、使用目的の定めのない場合の貸主の解約申入れ、目的の成就ならびに使用借人の死亡によって終了しますが、それまでの間は、使用借人は使用貸借の目的物を無償で使用収益できることによる経済的利益が存する（澤野順彦「使用借権の価値」『不動産鑑定』住宅新報社、1995年8月号）と考えられています。

民法

（期間満了等による使用貸借の終了）

第597条　当事者が使用貸借の期間を定めたときは、使用貸借は、その期間が満了することによって終了する。

2　当事者が使用貸借の期間を定めなかった場合において、使用及び収益の

目的を定めたときは、使用貸借は、借主がその目的に従い使用及び収益を終えることによって終了する。

3　使用貸借は、借主の死亡によって終了する。

　不動産鑑定評価基準では、借地権（借地借家法に基づく借地権（建物の所有を目的とする地上権または土地の賃借権））の評価については詳細に規定していますが、使用借権に関しては何も規定を設けていません。しかし、現実に使用借権の評価が問題とされるケースがあるため（相続税、公共用地の買収等も含む）、価値の有無について検討しておくことが必要となります。

　一般的には、使用借権は親子や夫婦等の人的関係に支えられた恩恵的な権利であり、かつ第三者対抗手段もなく、市場での取引対象とならないことから、経済的な価値はないと考えられている傾向が強いのも事実です。

　後掲しますが、相続税の財産評価でも、使用借権の価額は評価しないものとして扱われています。しかし、鑑定評価上は次の理由により、使用借権にもある程度の価値を認めていることが多いといえます。

【使用借権に価値を認める理由】

①　使用借権も民法に規定される債権であり、借主には定められた期限が到来するまで使用貸借の目的物を無償で使用収益できる経済的利益が存すること（期間は明示されていないが、建物の所有を目的とする場合は建物が朽廃するまでと考えるのが合理的であること）。

②　使用借権は第三者対抗力を有しないが、使用貸借の当事者間においては、当然にその権利を主張できること。

③　一時使用の仮設建物とは異なる通常の建物が建築されており、使用借権者が長期間にわたりそこで居住または営業活動を営んでいれば、使用借権といえども借地権に似た権利が少しは認められると考えられること。

　その際の参考指針として、公共用地の取得に伴う損失補償基準（いわゆる用対連基準）や同細則では、使用借権の割合は借地権割合の３分の１程度を標準とするものとされています。

〇公共用地の取得に伴う損失補償基準

（使用貸借による権利に対する補償）

第13条　使用貸借による権利に対しては、当該権利が賃借権であるものとして前条の規定に準じて算定した正常な取引価格に、当該権利が設定された事情並びに返還の時期、使用及び収益の目的その他の契約内容、使用及び収益の状況等を考慮して適正に定めた割合を乗じて得た額をもって補償するものとする。

〇公共用地の取得に伴う損失補償基準細則

第３　基準第13条（使用貸借による権利に対する補償）は、次により処理する。

　　賃借権に乗ずべき適正に定めた割合は、通常の場合においては、３分の１程度を標準とするものとする。

　また、使用貸借契約により建物所有を目的として土地を貸し渡した貸主が契約期間内に売却や自己使用等の必要により明渡しを求める場合、使用借権の消滅のため、金銭の授受を行っている例が多いといえます。その意味で、補償的な側面も有しています。

　以上の点を考慮すれば、使用借権といえども、ある程度の経済的な価値を認めざるを得ないのが実情です。

２　使用借権の価値を認めた判例

　最高裁平成６年10月11日判決（集民第173号133頁）では、「建物の賃借人の失火により右建物が全焼してその敷地の使用借権を喪失した賃貸人は、賃借人に対し、右建物の焼失による損害として、焼失時の建物の本体

の価格と土地使用に係る経済的利益に相当する額とを請求することができる」旨判示しています。

　当該判決のなかには、使用借権の経済的価値を根拠付ける考え方が垣間見られることから、事実関係を簡単に記した上で、使用借権の価値に関連する箇所を紹介します。

【最高裁平成 6 年10月11日判決】

① 事実の概要

　1）本件建物の所有者であったX（上告人）の父は、昭和59年 5 月頃、Xに右建物を贈与した上、右建物が朽廃、滅失するまでこれを所有する目的のため本件土地をXに無償で貸し渡しました。

　2）Xは、Y（被上告人）に本件建物を賃料月額 2 万5,000円で賃貸していましたが、Yの二女の失火を原因とする火災により昭和63年12月 9 日に右建物が全焼したため、本件土地の使用借権を喪失しました。

　3）Xは、○,○○○万円の火災保険金を受領しました。本件建物の価格に相当する額のXの損害は、右火災保険金によって補てんされました。

　4）本件建物は、昭和27年建築の木造 2 階建居宅で老朽化していましたが、通常の利用方法で相応の維持修繕を施せば、少なくとも本件火災後10年程度は存続したものと推定されます。

　原審は、このような事実関係の下において、建物が朽廃、滅失するまでこれを所有するという目的でされた使用貸借に基づく権利は独自の財産的価値があるものとして損害賠償の対象となるものではないこと等の理由により、使用借権喪失による損害等の支払いを求めるXの請求をすべて棄却しました。そのため、Xが上告し争っていたものです。

② 　使用借権の経済的利益に対する本件判決の考え方

　本件判決は、 以下のとおりXの請求を認めました。 その際の使用借権の経済的利益に対する考え方も、 以下の判決文に表れています。

　地上の建物が朽廃、 滅失するまでこれを所有するという目的でされた土地の使用貸借の借主が契約の途中で右土地を使用することができなくなった場合には、 特別の事情のない限り、 右土地使用に係る経済的利益の喪失による損害が発生するものというべきであり、 また、 右経済的利益が通常は建物の本体のみの価格 （建物の再構築価格から経年による減価分を控除した価格） に含まれるということはできない。そうすると、 上告人は、 少なくとも、 焼失時の本件建物の本体の価格と本件土地使用に係る経済的利益に相当する額との合計額を本件建物の焼失による損害として被上告人に請求することができるものというべきである。

［出典］最高裁平成6年10月11日判決集民第173号133頁

　第一審では、 使用借権相当の損害として更地価格の5％相当額 （借地権割合のほぼ3分の1） を認定していましたが、 本件判決もこれを認めました。

チェックポイント

1. 使用借権においても、 借主は定められた期限が到来するまで使用貸借の目的物を無償で使用収益できるという経済的利益が存在します。鑑定評価では、 これを根拠に使用借権の経済的価値を認めて評価しているのが一般的です。

2. 鑑定実務において、 使用借権に経済的価値を認める根拠としては、 公共用地の取得に伴う損失補償基準及び同細則における使用貸借の規定が支えとなっていることが多いようです。

3. 使用借権に経済的利益を認めた判例の代表的なものとして、 最高裁平成6年10月11日判決 （集民第173号133頁） があります。

1-3 使用借権とその価格（使用借権の価値割合）

Q 使用借権の価値割合はどのくらいと考えればよいでしょうか。

A 借地権割合の３分の１を目安に、個別的な事情を加味して査定
することが多いのですが、画一的な割合は存在しません。

解説

1 使用借権の評価基準

前項でも述べましたが、使用借権の評価に関して不動産鑑定評価基準で
は何ら規定は設けていません。そのため、実務上は公共用地の取得に伴う
損失補償基準の考え方が多く活用されていることは、すでに述べたとおりです。

例えば、その地域の慣行的な借地権割合が60%であるとすれば、上記損
失補償基準による使用借権の割合はその３分の１と規定されているため、
結果的に割合は更地価格の20%ということになります。また、住宅地では
慣行的借地権割合が60%とされている場所も多いことから、実際においても
更地価格の20%という割合で使用借権の評価がなされているケースも多いと
推察されます。

使用借権の評価方法としては、理論的には使用貸借の残存期間中の地代
相当額の現在価値をもって評価するという考え方もありますが、実務的には
割合方式の方がなじみやすいと思われます。ただし、更地価格の20%とい
う割合は公共補償的な意味合いの強いものであり、不動産鑑定評価基準に
使用借権の評価規定が存在しないことから便宜的に用いられてきたものです。

　参考までに、 競売不動産の評価※においては、 使用借権の態様や使用借権設定の経緯等から、 堅固建物である場合には20％、 非堅固建物である場合には10％を標準として使用借権の価格を判定し、 建物価格に加算することとしています。

　　※　以下、 本書における競売不動産の評価に関しては、 東京競売不動産評価事務研究会編「競売不動産評価マニュアル (第 3 版)」『別冊判例タイムズ』(判例タイムズ社、 2011年 3 月) の記述に基づきます。

　その際の価値割合の査定に当たっては、 権利存続の安定性、 経済的利益の程度、 利用形態及び将来予想される利用状況が総合的に比較考量されます。

　また、 使用借権の態様には、 賃貸借に近いもの、 一時使用的なもの、 恩恵的なものなど諸形態があり、 引渡命令の対象ともなるため、 このような諸事情を考慮してその価値割合を決めるべきであるとしています。

2 判例における使用借権の価値割合

　次に、 判例における使用借権の価値割合ですが、 前項に掲げた最高裁平成 6 年10月11日判決では、 借地権割合の 3 分の 1 にほぼ近い割合 (更地価格の 5 ％) をもって認定しています。 また、 最近の下級審判決 (東京地裁令和 2 年 7 月20日判決、 Ｄ 1 －Law.com判例体系) でも、 次のとおり使用借権の負担のある土地に減価が生ずる根拠やその具体的な割合を判示しています。

（ア）減価の根拠

　対象不動産A、Bには使用借権が付着しており、使用借権の負担がついた土地は、更地に比べ土地上の建物を収去するために掛かる時間・工数・解体費用等が発生することになるため、これらに相当する減価を考慮する必要がある。

（イ）使用借権の付着による減価率と判定根拠

①　対象不動産A

　対象不動産Aの使用借権は、貸主と借主が親族であるという恩恵的な貸借関係に基づくもので、普通借地権のように市場価格を形成し得る基盤を有する権利とは明らかに異なる。したがって、本件使用借権の態様及び使用借権設定の経緯を考慮し、強制競売における使用借権の負担付き土地の減価率をも参考にして、対象不動産Aに使用借権が付着することの減価率を（更地価格の）10％と判定した。

②　対象不動産B

　対象不動産Bの使用借権も、貸主と借主が親族である貸借関係であるが、対象不動産Bの共有者と当該土地上の建物所有者との関係を考慮すると、建物の収去等に掛かる時間的・工数的な煩瑣は対象不動産Bに比べて少ないと判断して、減価率を（更地価格の）５％とした。

③　本件鑑定の前提との関係

　本件鑑定においては、使用借権が付随した土地が取引の対象となるのは、差押不動産として強制競売・公売に付される場合がほとんどであることを前提に、強制競売における減価率の基準を参考にし、本件使用貸借の態様、設定の経緯、建物所有者と土地所有者の関係等を考慮の上、競売、公売市場において形成された減価基準である10％から増減する特段の事由がないと考えたものである。

　そもそも使用借権が付随した物件が市場において取引されることがさほど多くないであろうことなども踏まえれば、このような基準を用いて一定の減価を行ったことに不合理な点はない。

［出典］東京地裁令和２年７月20日判決、Ｄ１－Law.com判例体系を要約

③ 使用借権の価値割合に関する考え方

　使用借権の価値割合としていくらが妥当であるかについて、統一的な結論を導くのは難しいといえます。なぜなら、使用借権は一般に市場価格が形成されておらず、取引価格という観点から使用借権の価格にアプローチする方法が現実になじまないからです。そのため、使用借権の価格は、最高裁判例にもみられるように、使用借権の喪失による損害額の補償（土地利用に係る経済的利益の喪失）という視点からとらえることになります。このように考えれば、公共用地の取得に伴う損失補償基準に定める借地権価格の３分の１という割合が一つの目安と考えられますが、当該基準は土地収用法等により土地を収用し、または使用することができる事業に必要な土地を対象としています。したがって、それ以外のケースについてまで当該基準を無条件に適用して経済的利益を求めることが適切かという議論はあると思われます。

　また、競売評価では、使用貸借は特別な信頼関係にある当事者間で締結される契約であり、市場価格の形成される基盤は薄いとされますが、使用借権者は土地の利用により相当の経済的利益を有するため、これを使用借権価格として評価するとしています。しかし、既述のとおり、使用借権には賃貸借に近いもの、一時使用的なもの、恩恵的なものなど諸形態があり、また、引渡命令の対象ともなるため、このような諸事情を考慮してその価値割合を決定すべきであるとしています。なお、競売評価においては、使用借権の評価の大枠は建付地価格の10％〜20％とされているものの、使用借権の態様や契約の残存期間、地上建物の耐用年数等を勘案しつつ、最終的な価値割合を査定することになると思われます。さらに、このように使用借権の評価には個々の事情が反映されることが、使用借権の価値割合を画一的なものとしてとらえられない要因ともなっています。

　最後に、使用借権全般に共通することとして、使用借権に財産的価値を認めるにしても、その額は極めて僅少なものにとどまるとの指摘もなされています。

その理由としては、次の点（消極的要素）があげられています。

・使用貸主の使用借主に対する義務は、使用借主が契約の目的物を使用収益することを受忍すべき消極的な義務であって、使用収益をさせなければならない積極的義務を負うものではなく、当事者間における契約の効力も極めて微弱なものでしかないこと

・その終了原因も、借主の死亡によって当然に契約が終了して、使用収益権は消滅し、後は、僅かな調整規定は存在するものの、基本的には、借主の相続人の返還義務のみが残ること

[出典] 永井ユタカ「使用借権の財産的価値の立証—主として「土地」の使用借権の財産的価値—」
『立命館法学』、2013年1号をもとに一部抜粋

チェックポイント

1. 不動産鑑定評価基準では、使用借権の評価に関して規定を設けていません。実務上は、公共用地の取得に伴う損失補償基準の考え方が多く活用されています。

2. 公共用地の取得に伴う損失補償基準では、土地の使用借権の割合を借地権価格の3分の1と定めています。

3. 競売不動産の評価では、堅固建物の場合は建付地価格の20％、非堅固建物の場合は同10％を標準として使用借権価格を判定し、建物価格に加算します。

4. 競売不動産の評価では、使用借権の価値割合の査定に当たり、権利存続の安定性、経済的利益の程度、利用形態及び将来予想される利用状況、使用借権の態様等が考慮されます。

5. 判例における使用借権の価値割合は、事案の内容により個々に異なります。本項では、使用借権が付着することによる減価率を更地価格の5％〜10％とした事例を紹介しています。

6. 使用借権の価値割合に関して、画一的なものは存在しません。

1-4 使用借権とその価格（相続税の財産評価における使用借権の評価規定）

Q 相続税の財産評価において、使用借権はどのように扱われるのでしょうか。

A 相続税の財産評価では、使用借権の価値はゼロとして扱います。この点が前項まで述べてきた評価基準とは大きく異なります。

解説

1 財産評価基本通達との関連

相続税の財産評価では、使用借権の価額は評価しないとして扱われています。国税庁ホームページに掲載されている「質疑応答事例」（宅地の評価単位－使用貸借）で、その趣旨が記載されています（**図表4-1**）。

また、**図表4-2**は、個別通達「使用貸借に係る土地についての相続税及び贈与税の取扱いについて」（昭和48年11月1日付直資2-189）の一部を抜粋したものです（下線は筆者による）。ここにおいても使用借権の価額は評価しない旨が述べられています。ただし、当該規定はあくまでも相続税と贈与税の課税上の取扱いに関するものです。

使用借権に対してこのような取扱いがなされるのは、使用借権が相互の信頼と恩恵をもとに成立し、他人には譲渡できず、契約期間が満了しても法定更新の制度はなく、借主の死亡により効力を失うといった脆弱な権利であることによるものと推察されます。

図表4-1 宅地の評価単位──使用貸借

【照会要旨】

　使用貸借により貸し付けられている次の図のような宅地の価額を評価する場合の評価単位は、どのように判定するのでしょうか。

(1)

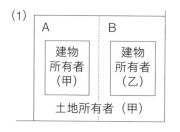

(2)

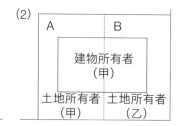

【回答要旨】

　所有する宅地の一部を自ら使用し、他の部分を使用貸借により貸し付けている場合には、その全体を1画地の宅地として評価します。また、自己の所有する宅地に隣接する宅地を使用貸借により借り受け、自己の所有する宅地と一体として利用している場合であっても、所有する土地のみを1画地の宅地として評価します。

　したがって、上の図の（1）については、A、B土地全体を1画地の宅地として評価し、（2）については、A土地、B土地それぞれを1画地の宅地として評価します。

　なお、使用貸借に係る使用借権の価額は、零として取り扱い、使用貸借により貸し付けている宅地の価額は自用地価額で評価することに留意してください。

（理由）

　使用借権は、対価を伴わずに貸主、借主間の人的つながりのみを基盤とするもので借主の権利は極めて弱いことから、宅地の評価に当たってはこのような使用借権の価額を控除すべきではありません。したがって、（1）のように、所有する宅地の一部を自己が使用し、他の部分を使用貸借により貸し付けている場合には、全体を自用の土地として1画地の宅地として評価します。

　また、（2）のように、使用貸借で借り受けた宅地を自己の所有する宅地と一体として利用している場合であっても、甲の権利は極めて弱いことから、A土地、B土地それぞれを1画地の宅地として評価します。なお、B土地は乙の自用の土地として評価します。

［出典］国税庁ホームページ「質疑応答事例」

図表4-2　使用貸借の取扱いに関する個別通達

直資2-189（例規）

直所2-76

直法2-92

昭和48年11月1日

国税局長殿

沖縄国税事務所長殿

国税庁長官

使用貸借に係る土地についての相続税及び贈与税の取扱いについて

　標題のことについては、次のとおり定め、今後処理するものからこれによることとしたので、通達する。

　なお、この取扱いは、個人間の貸借関係の実情を踏まえて定めたものであるから、当事者のいずれか一方が法人である場合のその一方の個人については、原則として、従来どおり法人税の取扱いに準拠して取り扱うこととなることに留意されたい。

（趣旨）

　建物又は構築物の所有を目的とする使用貸借に係る土地に関する相続税及び贈与税の取扱いについて所要の整備を図ることとしたものである。

記

（使用貸借による土地の借受けがあった場合）

1　建物又は構築物（以下「建物等」という。）の所有を目的として使用貸借による土地の借受けがあった場合においては、借地権（建物等の所有を目的とする地上権又は賃借権をいう。以下同じ。）の設定に際し、その設定の対価として通常権利金その他の一時金（以下「権利金」という。）を支払う取引上の慣行がある地域（以下「借地権の慣行のある地域」という。）においても、当該土地の使用貸借に係る使用権の価額は、零として取り扱う。

　この場合において、使用貸借とは、民法（明治29年法律第89号）第593条に規定する契約をいう。したがって、例えば、土地の借受者と所有者との間に当該借受けに係る土地の公租公課に相当する金額以下の金額の授受があるにすぎないものはこれに該当し、当該土地の借受けについて地代の授受がないものであっても権利金その他地代に代わるべき経済的利益の授受のあるものはこれに該当しない。（以下省略）

［出典］国税庁ホームページ 個別通達「使用貸借に係る土地についての相続税及び贈与税の取扱いについて」（昭和48年11月1日付直資2-189）

2 税務裁判例に表れた使用借権の評価に関する考え方

　使用借権による減価を行わなかったからといって、直ちにその評価によって課税することが違法になるとまではいえないとされた事例として、岡山地裁平成14年8月21日判決（税務訴訟資料第252号、順号9175）があります。

　納税者は、使用貸借に基づく権利の価値は本件土地の価格の2割とするのが不動産競売の実務であるから、本件両土地の評価に当たり考慮すべきであると主張しました。当該判決では、不動産競売手続における使用借権付き土地の評価について、使用借権を土地についての負担要因として一定の減価をしているのが実務の一般であるとしても、不動産競売手続と本件のような相続税算出の前提となる不動産評価の場合とは事情が異なり、本件における使用借権の底地に対する減価要因としての評価額は看過できないほど高いものではないと解されるという理由により、納税者が主張する使用借権による減価を認めませんでした。

　なお、本件事案に関し、課税庁の主張は以下のとおりであり、裁判所の判断結果もこれを反映したものとなっています。

○本件事案に関する課税庁の主張

　「使用貸借に係る価格土地についての相続税及び贈与税の取扱いについて」（昭和48年11月1日付け直資2-189、直所2-76、直法2-92国税庁長官通達。ただし、昭和57年5月17日付け直資2-177外による改正後のもの。以下「使用貸借通達」という。）によれば、建物の所有を目的として使用貸借による土地の借受けがあった場合には、当該土地の使用貸借にかかる使用権の価格を零として取り扱うこととした上で、使用貸借通達において、使用貸借にかかる土地を相続により取得した場合に相続税の課税価格に算入すべき価額は、当該土地の上に存する建物の自用又は貸付けの区分にかかわらず、すべて当該土地が自用のものであるとした場合の価額とすると取り扱われる。

　また、借地借家法２条１号によれば、借地権とは、建物所有を目的とする地上権又は土地の賃借権をいうと規定されているので、土地の使用貸借に借地借家法は適用されず、実際にも賃貸借のような格別の法的保護は与えられないため、所有権に対する制約も弱く、譲渡性にも乏しいものであるから、その財産価値は極めて低いというべきであり、その土地につき相続税の課税価格を算出する場合、使用貸借による土地の借り受けがあっても、何らの制約もない土地として評価するべきである。

　さらに、使用貸借により借り受けた土地の上に建物が建築され、その建物を建物所有者が自用のものとして利用する場合は、土地の使用貸借にかかる建物所有者の敷地利用権の価額は零であり、その建物が賃貸借により他人に貸し付けられている場合においても、その建物賃借人の敷地利用権は、建物所有者（土地使用貸借権者）の敷地利用権から独立したものではなく、建物所有者の敷地利用権に従属し、その範囲内において行使されるに過ぎないものであると解されているから、土地の使用貸借にかかる建物所有権者の敷地利用権の価額を零として取り扱っている以上、建物賃借人の敷地利用権の価額も零ということになる。

　よって、本件両土地の時価を評価するにつき使用貸借がなされていることを考慮する必要はない。

［出典］岡山地裁平成14年８月21日判決、税務訴訟資料第252号、順号9175

チェックポイント

1. 相続税及び贈与税の評価では、使用借権の価額は評価しません。
2. １については、「質疑応答事例」（宅地の評価単位－使用貸借）と個別通達に明確に記載されています。

Q　相続税の財産評価において、借地権の存在が認められず使用貸借とされた裁決事例はありますか。

A　納税者が借地権の存在を前提に貸地の相続税評価額を計算したところ、実態は使用貸借であるとして否認された例があります。

解説

1 事案の背景

　Yは、被相続人から借地をし、地代も支払っていましたが、最近になりその土地を相続しました。それだけでなく、その土地上にはYの所有する建物が2棟存在し、相続開始時点で貸家となっていました。ところが、相続税評価額の算定に当たり、今まで支払ってきた金額は地代といっても固定資産税相当額に過ぎず、この契約は使用貸借契約であるから借地権価額の控除は認められないという判定を受けました。

　そこで、Yは国税不服審判所に不服申し立てを行い、争っていたものです。

2 裁決事例の概要〜国税不服審判所平成8年3月29日裁決（裁決事例集No.51）

（1）事実関係

　Yは、平成3年5月に死亡したX（被相続人）の共同相続人の一人です

が、Xが所有していた宅地を借り、その土地上に建物2棟を建築して貸家の用に供していました。すなわち、当該敷地はYにとっては借地であるとともに、貸家の敷地でもありました。

Yは、相続税の申告に当たり、当該敷地はYらが被相続人から固定資産税等の1.7倍以上の地代を支払って借りていたものであり、（借地借家法上の借地権に相当する権利が発生しているため、借地権価額相当額を控除して）[※1] 貸宅地として評価すべきであると主張しました。また、（仮にこれが認められないにしても）[※2] 本件は貸借に当たって権利金の授受もないため、財産評価基本通達26（貸家建付地の評価）に定める程度に評価すべきであると主張していました。

（※1）（※2）筆者注。（　）内は文脈から筆者が推定した内容です。

財産評価基本通達

（貸家建付地の評価）

26　貸家（94《借家権の評価》に定める借家権の目的となっている家屋をいう。以下同じ。）の敷地の用に供されている宅地（以下「貸家建付地」という。）の価額は、次の算式により計算した価額によって評価する（省略）。

$$\text{その宅地の自用地としての価額} - \text{その宅地の自用地としての価額} \times \text{借地権割合} \times \text{94《借家権の評価》に定める借家権割合} \times \text{賃貸割合}$$

（1）「借地権割合」は、27《借地権の評価》の定めによるその宅地に係る借地権割合（同項のただし書に定める地域にある宅地については100分の20とする（省略））による。

これに対し、課税庁は、（イ）本件土地の貸借は使用貸借であり、これに基づく敷地利用権は権利としての性格が薄弱であり、経済的価値を有しないこと、（ロ）借家人の敷地利用権は建物所有者の敷地利用権に従属するに過ぎないという理由で、Yの主張を認めませんでした。

なお、課税庁がYの主張を認めなかった理由を補足すると、以下のとおりです。

（2）課税庁（原処分庁）がYの主張を認めなかった理由

a. 本件土地の評価について

課税庁が本件土地について調査したところ、次のことが認められた。

1) Yは、昭和52年8月頃、被相続人名義の本件土地に貸家2棟を新築しているが、被相続人との間においては本件土地の賃貸借契約書はなく、また、権利金の授受の事実も認められない。

2) Yは、本件土地上の建物を遅くとも昭和60年以降、貸家の用に供しているが、Yの昭和62年分ないし平成3年分の所得税の確定申告書に添付されている不動産所得のいずれの青色申告決算書にも支払地代が記載されていない。

3) Yは、昭和53年以降、本件土地及び別の市に所在する雑種地に係る固定資産税等に相当する金額を、被相続人と同居していた被相続人の長男に手渡しすることで被相続人に支払っていた。

4) Yは、上記の裏付けとなる資料として（a）金額420,000円と記載された平成元年12月17日付の被相続人名義の領収証及び（b）金額420,000円と記載された平成2年12月7日付のY名義の領収証を提示したが、当該領収証以外の領収証については紛失した旨申し立てた。

5) Yは、本件土地及び別の市に所在する土地の固定資産税等をYが負担するに至った事情について、次のとおり申し立てた。（以下省略）

以上のとおり、（イ）Yが本件土地及び別の市に所在する土地の固定資産税等を支払うに至った事情、（ロ）実際に固定資産税等を支払っていた相手方及び（ハ）被相続人の長男も被相続人の固定資産税等を負担していたこと等を総合的に勘案すると、年金収入のみで生活する被相続人が将来の相続を見越して、Yには同人に相続させる土地に係る固定資産税等を、ま

た、長男にはそれ以外の不動産に係る固定資産税等をそれぞれ負担させていたものと認められる。

そして、これらの関係はYが本件土地の地代を支払っていたというよりも、扶養義務者である子供が扶養義務を履行していたものと考えるのが相当である。

したがって、Yが負担した本件土地及び別の市に所在する土地の固定資産税等は扶養義務の履行の範囲内であって、本件土地をYが使用する権原は使用貸借に基づくものと認められる。

b. Yが使用貸借により借り受けた土地の使用権等について

Yが使用貸借により借り受けた土地の使用権等については、次のとおりである。

1）使用貸借により建物所有を目的として土地を借り受けた場合の建物所有者の敷地利用権は、借地法※上の保護を受ける借地権のような強い権利に比較して、いわば権利性の薄弱なものである。そして、専ら土地の賃貸借当事者間の信頼関係のみを基盤としており、土地所有者から返還を求められた場合には無償で返還することとなるのが通常である。そこで、使用貸借による土地の使用権の経済的価値は極めて低いと認められることから、相続税及び贈与税の課税上、当該使用権の価値はないものとして取り扱うこととされている。

※　筆者注。本件は旧法時の事案です。

2）他方、借家人の敷地利用権は、建物所有者の敷地利用権から独立した別個の権利ではなく、建物所有者の敷地利用権に従属してその範囲内での権能に過ぎないと解されている。したがって、借地人が使用貸借により借り受けた土地に建物を所有し、当該建物を第三者に貸し付けている場合の当該借家人の有する敷地利用権の価額についても、建物所有者の敷地利用権の価値を上回ることはなく、同様にその価値はないものとして取り扱うこととなる。その結果、使用貸

借により貸付がされている土地の価額は、建物所有を目的として借り受けている者と、当該建物を借りている第三者との関係にかかわらず、その価額は自用地として評価するのが相当である。そうすると、本件土地は貸宅地として貸家建付地の評価程度としての評価をすべきであるとするYの主張には理由がない。

（3）国税不服審判所の判断

a. 本件土地の評価について

Yは、本件土地を借り受けるに当たり、権利金の支払いはないが、その地代として本件土地の固定資産税等の1.7倍以上に当たる金員を支払っていることから、本件土地の貸借関係は賃貸借であり、その評価計算に当たっては貸宅地として貸家建付地の評価程度で評価をすべきである旨主張するため検討する。

1）当審判所が、Yの提出資料及び原処分関係資料を調査したところ、次の事実が認められる。

　ア　建物登記簿謄本によると、本件土地上にYを所有者とする昭和52年8月11日新築の木造亜鉛メッキ鋼板葺2階建居宅兼店舗（総床面積264.98㎡）及び木造亜鉛メッキ鋼板葺2階建居宅兼店舗（総床面積215.3㎡）の2棟の建物があること。

　イ　昭和52年5月2日に甲市建築主事から通知された「確認通知書（建築物）」に添付された借地証明（建築確認申請添付用）の写しには、昭和52年4月4日より本件土地を店舗等の敷地として被相続人からYが借り受けている旨記載されていること。

　ウ　Yは、被相続人との間で、本件土地の貸借に関し契約書を作成したことはなく、また、権利金を支払ったこともないこと。（以下省略）

2）以上の事実に基づいて本件土地の貸借関係を判断すると、次のとおりである。

ア　一般に、土地の貸借関係には賃貸借と使用貸借がある。

　　賃貸借は、一方が相手に物を使用収益させることを約し、相手方がこれに対して賃料を支払うことを約することによって成立するものであり、使用貸借は、一方が無償で使用収益した後に返還することを約して相手から物を受け取ることで成立するものである。

　　したがって、土地の貸借関係が賃貸借に当たるのか、使用貸借に当たるのかは、対価を伴うか否かによると解されており、例えば、借主が借用物件たる土地の公租公課を負担する程度のものは使用貸借であると解されている。

イ　そこで、これを本件について検討すると、次のとおりである。

　（ア）本件土地の貸借に当たって、Yが被相続人から本件土地を借り受け、貸家２棟を建築したことが認められるが、Yは、本件土地を借り受けるに当たり、本件土地については相続が予定されていたことから賃貸借契約及び地代の取り決めもされなかった。その後、昭和53年以降にY自らが市役所に出向き、本件土地及び別の市に所在する土地の固定資産税等の額を調べ、これに相当する金員を被相続人または長男に支払っていたことが認められる。（中略）

　（イ）Yは、本件土地の地代は、本件土地の固定資産税等の1.7倍以上の額であると主張する。しかし、これはYが相続する予定であった本件土地及び別の市に所在する土地の固定資産税等の合計額が、本件土地のみの固定資産税等の1.7倍程度になるだけのことである。そして、Yが相続する予定であった本件土地及び別の市に所在する土地の固定資産税等について、被相続人が払えなかったものをYが負担したに過ぎないことが認められ、Yが主張するような本件土地の使用対価としての性格のものとは認められない。

　　　よって、本件土地の貸借関係は賃貸借とはいえず、使用貸借であると認めるのが相当であり、評価計算に当たっては貸宅地として

貸家建付地の評価程度で評価をすべきであるとするYの主張は採用することができない。

b. Yが使用貸借により借り受けた土地の使用権等について
1）使用貸借による敷地利用権
　　これに関しては、課税庁（原処分庁）の考え方とほぼ同様の判断がなされている（記載は省略）。
2）個人間の使用貸借による土地の貸借があった場合の評価
　　個人間の使用貸借による土地の貸借があった場合の評価については、昭和48年11月1日付直資2-189国税庁長官通達「使用貸借に係る土地についての相続税及び贈与税の取扱いについて」の定めるところによれば、土地の使用貸借に係る使用権の価額を零として取り扱われている。また、使用貸借に係る土地を相続等により取得した場合における相続税等の課税価格に算入すべき価額は、当該土地上の建物等の自用または貸付けの区分にかかわらず、すべて当該土地が自用のものであるとした場合の価額として評価することとされている。そうすると、本件土地の貸借関係は使用貸借であるから、本件土地上の2棟の貸家の存在にかかわらず、本件土地のすべてが自用地であるものとした場合の価額で評価すべきことになる。

3 留意点

　　本件裁決事例における最大の争点は、納税者（相続人）と被相続人間の土地の貸借が借地権の発生対象となる賃貸借であるのか、借地権の発生対象とならない使用貸借であるのかというところにありました。すなわち、本件貸借が賃貸借に該当すれば、相続税評価額の算定に当たり、自用地としての価額（更地価額）から借地権価額相当額を控除した申告が認められる

のに対し、使用貸借に該当する場合にはこれが認められないからです。その結果、相続税額が大幅に異なってきます。既述のとおり、賃貸借と使用貸借の基本的な差異は、使用収益の対価が有償か無償かという点にあります。

　以下、本件事案につき賃貸借としての性格が否定された理由を振り返り、相続税評価額算定上の留意点を解説します。

（１）本件事案につき賃貸借としての性格が否定された理由

　本件事案では、地代が授受されているといっても被相続人と相続人との間に土地賃貸借契約書は作成されておらず、権利金の授受もありませんでした。しかも、事実関係から判断して当該地代（固定資産税相当額）は土地使用の対価というよりも、被相続人に対する相続人の扶養義務の範囲で支払われていたとみなされたことが、本件事案につき賃貸借としての性格が否定された大きな理由であると思われます。

（２）相続税評価額算定上の留意点

　相続税法上の土地の使用貸借の評価は、現実に使用貸借が行われている背景や実情を考慮して評価額を零とする扱いとなっています。このことを裏返せば、使用貸借の行われている宅地はすべて自用地（更地）としての価額で評価するということになります。

　そのため、借地権が設定されている土地の評価と比較した場合、借地権の価額が控除されるか否かという点で評価額に大きな差が生ずることになります。したがって、親子間で地代を授受していたからといって、安易にその契約を賃貸借契約とみなし、自用地価額から借地権価額を控除して相続税評価額を算定することは、課税庁から否認を受ける要因となってしまいます。

　これに関しては、過去の裁決事例を踏まえ、賃貸借として借地権の控除が認められるためのポイントとして、「例えば、①建物所有目的の賃貸借契約が結ばれている、②適正賃料が収受されている、③収入及び経費が確定

申告されている、④遺産分割協議書において借地権が認識されているような場合」(風岡範哉「判決・裁決例からみえてくる土地評価のグレーゾーン(下)」『月刊税理』ぎょうせい、2014年11月)があげられています。

さらに、相続税の評価という視点に立った場合、使用貸借の性格が特別な信頼関係にある当事者間で成り立つ契約であるため、市場価格が形成される要因は極めて薄いという特徴が重視されることに留意すべきでしょう。

使用貸借のなかには賃貸借に近いものもありますが、圧倒的に多くのケースが恩恵的な形態をとっているものと考えられます。そのため、親族間の貸借で賃貸借契約書や地代の領収書等が存在せず、しかも授受されている地代の額が固定資産税相当額(あるいはこれに満たない)場合には、借地権価額を控除して貸宅地の相続税評価額を算定しても、そのような主張を通すことは極めて困難となる点に留意が必要です。

チェックポイント

1. 同じ使用借権の評価を取扱う場合でも、本件裁決事例にみられるように、鑑定評価と税務上の評価ではとらえ方に大きな相違があります。
2. 仮に親子間で地代を授受していたからといって、安易にその契約を賃貸借契約とみなしてしまうことは危険です。
3. その契約を賃貸借契約としてとらえた場合、自用地価額から借地権価額を控除して相続税評価額を算定することになりますが、使用貸借とみなされれば、自用地価額そのものが相続税評価額となり、大きな相違が生じます。

2　一時使用の借地権

Q
- ●一時使用の借地権とはどのようなものを指すのでしょうか。
- ●また、土地一時使用賃貸借契約が利用実態からみて一時使用でないと判定された裁判例と留意点を解説してください。

A
一時使用の借地権とは、外形から判断しても短期間の使用にとどまることが明らかな場合の権利形態であり、借地借家法は適用されません。裁判例に目を通す場合や鑑定評価をする場合も、この点に留意が必要です。

解 説

1　一時使用の借地権とは

借地借家法第25条（旧借地法第9条）は、一時使用目的の借地権について同法第3条（借地権の存続期間）、第4条（借地権の更新後の期間）の規定をはじめ、いくつかの規定の適用を排除する旨を定めています。

> **借地借家法**
>
> **（一時使用目的の借地権）**
>
> **第25条**　第3条から第8条まで、第13条、第17条、第18条及び第22条から前条までの規定は、臨時設備の設置その他一時使用のために借地権を設定したことが明らかな場合には、適用しない。

> **旧借地法**
>
> **第9条**　第2条乃至前条ノ規定ハ臨時設備其ノ他一時使用ノ為借地権ヲ設定
> シタルコト明ナル場合ニハ之ヲ適用セス

　そこで問題となるのは、何をもって「一時使用目的の借地権」といえるか
という点です。対象となる土地の賃貸借契約が一時使用の契約に該当する
か否かにより、借地権の存続期間をはじめその経済的価値に著しい相違が
生じます。

　ちなみに、一時使用目的の借地権といえるかどうかは、契約書に単に
「一時使用」と記載されているだけでは足りず、契約締結当時における当事
者の意思のほか、一時使用目的の借地権と認めるに足りる合理的な事情が
存在することが必要です。その際、例えば、土地の利用目的、地上建物
の種類、設備、構造、賃貸期間、契約に至る経過等の諸事情が総合的に
考慮されます※。

　※　最高裁昭和45年7月21日判決（民集第24巻7号1091頁）によります。当該判
　　　決は最高裁昭和43年3月28日判決の流れを受けたものです。

　一時使用賃貸借契約で、かつ、置場や駐車場として利用している場合に
は借地権の価値はありませんが、これが建物の利用を目的とする一時使用
賃貸借契約の場合は必ずしもそうとはいえません。

　そこで、以下、一例として契約書及び公正証書に「一時土地使用貸借契
約」という記載があり、恒久的な建物の建築を禁止する旨の約定があるも
の、実態から判断して一時使用目的の借地権であることが認められなかっ
た裁判例を取り上げます。

　このようなケースを研究しておくことは、借地権価格の鑑定評価をする
際、一時使用賃貸借契約であるからという理由だけで直ちに借地権の価値
はないものと判断してしまうことの危険性を認識するために役立つと考えられ

ます。　実態として、　借地上に恒久的な建物が存在していれば一時使用とはいえず、　使用貸借の場合は別として、　借地権の存在を前提とした評価を行うことになります。

2 土地一時使用賃貸借契約が利用実態からみて一時使用でないと判定された裁判例と鑑定評価上の留意点

　公正証書等により期間を2年間と定めた土地賃貸借契約について、　一時使用の借地権であることが否定された事例です（東京地裁昭和58年2月16日判決判タ第498号121頁）。　本件判決が下された時期は少々遡りますが、　一時使用か否かの判断のもとになる本質的な考え方は、　現時点においても変わりません。

○事案の概要
1．事案の要旨

　X（原告。　賃貸人）はY（被告。　賃借人）に対し、　昭和48年12月1日、　本件土地の期間を2年と定め、　普通建物所有の目的で賃貸して（本件賃貸借契約）引渡しました。　本件賃貸借契約は、　昭和50年12月1日、　昭和52年12月1日の2回にわたり、　X・Y間の合意によりそれぞれ期間2年の約定で更新されました。　また、　Yは引渡しを受けた直後、　本件土地上に本件（一）及び（二）の建物を築造し、　本件賃貸借契約期間の満了日である昭和54年11月30日当時これらを所有していました。　なお、　後掲のとおり、　本件（一）建物は自動車の展示場及び従業員の事務室として、　本件（二）建物は自動車の修理工場及び事務所として使用されていました。

　Xは、　昭和54年11月22日付文書をもってYに対し、　本件賃貸借契約が同年同月30日限りで終了することを理由に、　同日限り本件土地を明け渡すよう催告しました。　その際、　Xは、　本件賃貸借契約は一時使用のために借地権

を設定したことが明らかな場合に当たる旨主張し、Yはこれを争っていたものです。

2．事実関係

　本件事例が一時使用目的の借地権に該当するか否かの判断に当たっては、前提となる事実関係に大きな影響を受けると考えられるため、以下、詳細を記すこととします。

（1）Xは都内〇〇区〇〇付近に本件土地（1,070.43㎡）のほか約5,000㎡（50a）の農地及び約990㎡（300坪）の宅地を所有している。本件土地は、もともとXの居住家屋の敷地であったが、昭和39年頃、Xが他へ転居した後は、周囲に有刺鉄線を張りめぐらせた状態で無人のまま放置され、昭和48年11月頃にはその地上に大小の樹木や雑草が生い茂って、いわば荒地の状態であった。

　　Yは、輸入自動車の販売を目的とする会社であって、昭和48年当時は本件土地にほど近い〇〇区〇〇6丁目〇〇番〇、宅地、239.83㎡の土地上に事務所を構えていたが、会社の営業規模の拡大を図るため、最寄りの不動産業者であるA社を介して付近に手頃な賃借地を探していた。

（2）Yの依頼を受けたA社は、当時空地となっていた本件土地を賃貸の候補物件として選定し、昭和48年11月頃、Xに賃貸の意向を打診し、事後同社の媒介により、X・Y間に賃貸借契約の交渉が行われた。この交渉の過程で表明された両当事者の主要な賃貸条件に関する意見、希望は次のとおりである。

　　Xは、本件土地をYに賃貸することについては、当初は消極的であった。それは、Xが、いったん本件土地に借地権を設定すると、事実上半永久的に土地の返還を求めることが不可能になると認識していたためであ

るが、仲介者たるA社から、賃貸期間を2年とする「一時使用」の特約
を結んだ上、賃貸借契約につき公正証書を作成しておけば、このような
危惧はなく、2年の賃貸借期間満了後には本件土地を明け渡してもらえ
る旨の助言を受けたため、賃貸に応ずる気になった。

　一方、Yは前記のような目的（＝会社の営業規模の拡大）で本件土地
を賃借するものであり、かつ、同地上に建物を建築するなど相当額の資
本を投下する予定であったことから、賃貸借契約の期間は一応2年と定
めるとしても、これを期間満了毎に更新して、長期にわたり同地の使用
を継続させて欲しい旨強く要望した。これに対して、XはYの要望を特段
拒絶する態度は示さず、将来本件土地を自ら使用する計画がある旨述べ
ることもなかった。

　Yが本件土地に建築を予定している建物については、賃貸借契約終了
時の撤去が容易になるように組立式の建物（Xとしてはプレハブ建築の建
物を念頭に置いていた）に限るとXから提案がなされた。しかし、Yはそ
の取扱う商品が価格にしても金300万円から金3,000万円の高級自動車で
あることから、顧客の商品に対する信頼を害さないためにも、このような
高級車を展示するにふさわしい本建築の建物の築造を認めて欲しいと述
べた。

　また、建物の構造については、A社から、賃貸期間が2年という定め
であるため、鉄筋コンクリートのような堅固な基礎は用いないとの約定に
すべきである旨の提案がなされ、Yもこれを了承した。

　Xは、Yが本件土地上に建物を築造し、これにつき保存登記を経由し
た場合には、Yが同地の借地権を取得することになると理解していたため、
その点の危惧を表明した。これに対して、Yは、同地を長期にわたって
賃借するためには、できるだけ地主たるXとの間に良好な関係を保ってお
きたいとの配慮から、Yが建築した建物の登記上の所有名義はXとするこ
とでもよい旨回答した。

本件土地の賃貸借に関しては、権利金・保証金などの金員は授受しないことが合意された。これは、Xにおいて、権利金・保証金などを受領すると、本件土地につきYのために借地権が生ずると考えていたことによるものだった。他方、本件土地の賃料については、Xから坪当たり1ヶ月金1,000円とする旨の提案がなされ、Yもこれを承諾した。

（3）このような経過をたどり、昭和48年12月1日、X・Y間に本件賃貸借契約が成立し、契約証書が作成された。そして、当該書面はその表題が「一時土地使用貸借契約書」とされ、その条項中には次の事項が明記されている。
　① 本件賃貸借契約は「一時使用」をその特約とするものであること。
　② 契約の期間は2年とするが、期間満了時における当事者の合意によりこれを更新できること。
　③ Yは、本件土地上に木造モルタル仕上げの工法により、自動車展示場、事務所及び工具倉庫を築造することができるが、永久的重基礎的施設はこれを設置することができないこと。
　④ Yが築造する建物は、実質的にはYの所有であるが、Xは同建物につき自己名義の保存登記をすることができること。
　一方、X・Yは、公証人に対し、本件賃貸借契約につき公正証書の作成を嘱託した。この嘱託に基づく公正証書は、「一時土地使用貸借契約公正証書」と題され、その条項中には、賃貸借契約の期間及び契約更新に関して前記契約書と同趣旨のものが置かれているほか、建物の構造に関しては、「永久的重基礎的施設はできない」や「目的地上に建設する建物はすべて組立式によるものとし、堅固な土台基礎はできない」との条項が織り込まれている。

（4）Yは、本件賃貸借契約に基づき本件土地の引渡しを受けると、直ちに

同地上の樹木を伐採した上、その整地、造成を行い、駐車場とする敷地部分にコンクリートを敷いた。当該工事に要した費用は約金250万円であった。

次いで、Yは、費用約金150万円を投じて本件（一）及び（二）建物の築造にとりかかった。本件（一）建物は昭和48年末には完成したが、同建物は自動車の展示場及び従業員の事務室に当てられている。同建物は、実測173.07㎡の床面積を有し、コンクリートの基礎及び木造の土台の上に木造の柱を建て、木造及び鉄骨の梁を組み、鉄板瓦棒で屋根を葺き、その外壁はラスモルタルで仕上げられている。昭和57年３月30日時点におけるその再調達価格は、金2,064万8,800円である。

一方、本件建物（二）は、昭和49年４月までの期間を要して建築された２階建の建物で、１階（実測床面積200.42㎡）は自動車の修理工場に、２階（58.57㎡）は事務所に当てられている。この建物は、基礎、土台とも鉄筋コンクリート、柱と梁をいずれも鉄骨と木材を織り混ぜて組み、屋根を鉄板瓦棒及び波型スレートで葺き、モルタル塗及び波型スレートで外壁を仕上げた建物で、同じく昭和57年３月30日の時点における再調達価格は、金2,007万5,400円である。

Xは、本件（一）及び（二）建物の建築途中で何回か現場を訪れ、建築状況を視察したが、本件（二）建物の建築材料として多数の鉄骨が用いられていたため、A社に対し本件賃貸借契約の約定に反する旨指摘したが、同社を介して建築担当会社から、「（鉄骨は）ボルト締めであるから簡単に取壊しができる。むしろ地震が起こったときは危険である。」との回答があり、これに納得した。

（５）昭和54年４月、本件（一）及び（二）建物が完成したことにより、Xは、前記約定に従って、これにつき自己名義の保存登記をなし得ることとなったが、この保存登記を経由した場合、贈与税が賦課されることに

なるものと考え、結局これを断念した。その代わり、XはYに対し、当該建物につきY名義の保存登記をしないこと、本件賃貸借契約が解除された場合、当該建物の買取請求権を行使しないことを求めたところ、Yはこれを承諾して、その旨の誓約書をXに差し入れた。

（6）本件賃貸借契約は、昭和50年12月１日、X・Yの合意により更新され、その期間は従前と同様２年と定められた。契約更新に際して、Xから賃料増額の請求がなされたが、Yがこれを拒否したため、結局賃料は据え置かれた。

　当該更新にかかる契約についても、X・Y間に契約書が作成された。その表題及び内容は、当初契約につき作成された契約書とほぼ同一である。契約を合意により更新し得る旨の条項も挿入されている。また、当該更新にかかる契約については、公正証書も作成された。その内容も、当初契約につき作成された公正証書とほぼ同一であったが、当該公正証書には盛り込まれていた契約の更新に関する条項は削除された。これは、公証人から、契約の更新に関する約定は、一時土地使用貸借契約の性質にそぐわない旨の指摘がなされたためである。その際、Y（被告会社）代表者の甲は、前記の私製契約書には更新に関する条項が明記されており、潰漏はないと考えたことから、公証人の指摘に従うこととした。なお、新規に作成された公正証書中には、不動文字で、Yが本件土地上に建築する建物は組立式の一時的仮設建物に限るものとし、永続的建物の敷地として使用してはならない旨の記載がある。

（7）本件賃貸借契約は、昭和52年12月１日、X・Yの合意により再度更新された。なお、更新に際して、本件土地の賃料は坪当たり１ヶ月金1,150円（総額42万773円）に増額されている。当該更新にかかる契約につき作成された私製の契約書及び公正証書の内容も、賃料の点を除

き、前回更新時に作成されたそれらと同一である。

（８）本件賃貸借契約の期間満了を間近に控えた昭和54年11月中旬頃、X
は、A社のZを介してYに対し、同年12月１日以降の本件土地の賃料を
坪当たり１ヶ月金1,500円に増額したい旨申し入れた。これに対してY
は、従前賃料は４年目で改訂されていること、現在は業界が不況であっ
て、会社の営業状況も思わしくないことなどを理由として増額の申入れを
拒否した。そこで、Zは、X・Yの間に立って、賃料増額をめぐる問題の
調整、解決を試みたが、相方の意思が固いと判断して、この問題から手
を引いてしまった。その後、Xは、昭和54年11月22日付文書をもってY
に対し、本件賃貸借契約が同年同月30日限りで終了することを理由に、
同日限り本件土地を明け渡すように催告した。

〇当事者の主張
１．原告（X）の主張

　本件土地賃貸借契約は一時使用の賃貸借であることを明示して本件契約
を締結したものであり、契約書及び公正証書上もこのことが明記されている。

２．被告（Y）の主張

　高級外車展示のために本件土地を賃借したもので、これにふさわしい木
造モルタル塗りの本格的な建築の建物を構築することとし、Xもこれを承諾
した。そこで、Yは、多大の費用を投じて本件土地の造成、コンクリート
打ち工事を施行し、本件建物を築造したものであり、契約期間２年間とい
う約定は賃料据置期間にすぎない。

○裁判所の判断

　以下、本件賃貸借契約が一時使用のために賃借権を設定したことが明らかであると言い得るかについて検討する。

　同契約（更新された契約を含む）につき作成された私製の証書及び公正証書には、すべて同契約が「一時使用」の賃貸借であることが表示され、その期間は2年とすることが明記されている。そのため、少なくともXにおいて、当該「一時使用」とは、期間が満了すれば当然に本件土地の明渡しを求めることができる賃貸借を意味すると認識していたことは明らかである（Xが本件土地の明渡しの速やかな実現を図るために、種々の配慮をしていることも窺われる）。しかしながら、契約書に一時使用の文言が使用され、かつ、契約の一方当事者たるXがこのような認識を抱いていたという事実から、直ちに本件賃貸借契約が借地法第9条にいう「一時使用のために借地権を設定したことが明らかな場合」に当たるとはいえない。一時使用か否かは、本件賃貸借契約を短期間に限って存続せしめる旨の合意が成立したことを首肯させるに足りる客観的な事情の有無に基づいて決すべきものである。

　これを本件についてみた場合、次のことがいえる。

（1）まず、Yは、本件土地をその目的とする輸入自動車販売業の本拠とするために賃借し、直ちに同地を整地、造成して、営業用建物としての本件（一）及び本件（二）建物を築造したものである。そのため、Yにおいて本件賃貸借契約を短期間で終了せしめる意図は全くなく、現に締約交渉の過程において契約の継続的更新を強く希望したことは前記のとおりである。

（2）Yが前記（1）に述べた目的から本件土地を賃借したことは、Xにおいて知悉していたものであるところ、当該目的は2年程度の短期間でこれを達成することができないことは明白である。加えて、本件（一）及び

（二）建物が、本件賃貸借契約に定められた制限を逸脱するものであるか否かは別にしても、Xは、少なくとも本件土地上に木造建物を築造することは了承しており、本件（一）及び（二）建物の建築の過程においても若干の異議を述べたに止まる（筆者注：なお、昭和50年12月1日更新にかかる契約につき作成された公正証書には、Yが本件土地上に築造する建物は、組立式の一時的仮設建物に限るものとし、永続的建物の敷地として使用してはならない旨の記載があるけれども、当該更新の時点においては、すでに本件（一）及び（二）建物が築造されていたのであるから、当該条項の規範性については疑問がある）。

（3）Xは、昭和39年頃、転居のため本件土地を去って以来、本件賃貸借契約締結に至るまでの約10年間、これを荒地のまま放置していたのであって、Xが契約締結当時本件土地の賃貸借を2年という短期間で終了させねばならない必要性を有していたとは考え難い。

　この点に関し、Xは、Yから本件土地の明渡しを受けた場合は、現在自転車店に勤務している次男のためにここで店舗を開いてやりたいとの希望を有しており、このことは本件賃貸借契約締結当時から考えていたことである旨を主張するが、同契約締結当時の次男はまだ大学生であり、自転車店にアルバイト勤務をしていたにすぎないから、Xにおいて当時から次男のために本件土地を利用する計画を抱いていたとは到底言い難い（筆者注：前記のとおり、Xは本件賃貸借契約の締約交渉の過程で、将来本件土地を自己のために利用する計画のあることは何ら述べていない）。

（4）本件賃貸借契約の締結交渉において、Yが同契約の継続的更新を強く希望したのに対して、Xはこれを特段拒絶する態度は示さず、現にその後2回にわたり同契約の更新に応じている（筆者注：加えて、Xは、昭和54年11月中旬頃の時点においても、同契約を同年12月1日以降さら

に継続する意向を有していたことが窺える。 なお、 昭和50年12月１日に更新された契約につき作成された公正証書には、 契約更新に関する条項が削除されているが、 これが当事者の自発的意思によるものでないことは前述のとおりである)。 そして、 Xは、 更新の都度Yに対し賃料増額の意思表示をしており、 これらの事実からすると、 本件賃貸借契約の２年という期間は、 一面において賃料据置期間の意味を有していたということを否定できない。

(5) 本件賃貸借契約において、 権利金、 保証金は授受されなかったけれども、 当初契約で定められた坪当たり１ヶ月金1,000円の賃料は、 通常の相場より相当高額であることが窺える。

　上記 (1) ないし (5) に述べたような諸事情に鑑みれば、 本件賃貸借契約が一時使用のために借地権を設定したことが明らかな場合に当たるとは認め難い。
　返って、 Xが本件賃貸借を 「一時使用」 の賃貸借と認識していたというのも、 その期間が短期であることに重きを置いていたのではなく、 専ら借地法による保護のない賃貸借、 すなわち、 厳格な期間の法定がなく、 期間満了時には正当な事由なしに終了する賃貸借の設定を意図していた (換言すれば、 「一時使用」 というのは賃貸借の目的ではなく、 借地法第２条ないし第８条の規定を免れるための手段たる文言にすぎなかった) のではないかとの疑念を払拭することができない。
　よって、 本件賃貸借契約には借地法の適用があり、 当事者間でなされた期間の約定は無効であるから、 当該契約期間が満了したとのXの主張は理由がない。

3 鑑定評価上の留意点

　冒頭にも述べたとおり、土地賃貸借契約書のなかに「一時使用の借地権」という文言が記載されており、短期間の賃貸借であることを窺わせる約定が存在するとしても、これをもって一時使用の賃貸借契約であると即断することは危険です。それは、本件土地賃貸借契約に係る公正証書が「一時使用貸借」の名称を付して作成されているものの、2回目の更新契約における期間満了時において対象地上に存在する建物の恒久性や契約締結時における当事者の意思表示の合理的解釈の見地から、本件事例が一時使用の適用を受ける借地権であることが否定されているためです。

　特に、本件事例の場合、公正証書の記載内容と現実の利用状況（恒久的な建物の存在）とが符合していない点に問題があり、加えて、契約締結時の当事者の意思、過去の更新時の経緯や貸主における本件土地使用の必要性の程度等の点から借地法適用の有無が判断されたものと思われます。

（1）契約内容を判断するに際しての留意点

　一時使用の適用を受ける借地権であるか否かは個別契約の内容を判断して決定せざるを得ませんが、例えば、建物の構造、賃料、権利金や敷金等の額及び有無、期間など諸般の事情を総合的に判断することになります。

　ただし、具体的な事例をもとに判断する場合、実際には明確な尺度で割り切れないケースが多く存在することも事実です。

　不動産の鑑定評価という視点から考えた場合、本件裁判例のように借地上に建築されている建物が比較的長期間の使用に耐え得るものであるという場合には、たとえ一時使用と認定されたとしても、借地権価格に準ずるものとして何がしかの経済価値を検討する必要があり、画一的には判断し難い問題であると思われます。

（2）現地確認の重要性

　借地権価格の鑑定評価を行おうとする場合、最初に確認する資料は土地賃貸借契約書です。その内容がオーソドックスなものであれば、当該契約について借地借家法が適用される契約であるかを判断することは比較的容易ですが、一時使用賃貸借契約と称されていて、建物や構築物の存在を推測させるものである場合には、一層留意が必要です。このような場合、現地を確認することにより借地上の状況を確認し、契約書の内容と照合させる作業を経ることによって、契約書の内容と実態との異同を把握することが可能となります。問題は、本件事例のように両者間に相違がみられる場合です。

　このような案件の鑑定評価を依頼された場合、本件判決文の内容を念頭に置くとともに、一時使用賃貸借と借地借家法が適用される普通の賃貸借の相違を改めて振り返ることが必要です。加えて、契約書の内容と実態との異同をどのように経済価値に反映すべきかについて検討することが不可欠となります。その際、改めて不動産鑑定評価基準の原点に立ち戻ることが求められます。

チェックポイント

1. 契約書の表題が「一時土地使用貸借契約書」となっていても、実際には恒久的な建物や構築物が建っているケースも珍しくありません。
2. 現地の確認が必要とされるのは、契約書と実態との異同を把握し、借地権の経済価値の有無の判断を確実に行うためです。
3. 契約書の表題だけで、実態も一時使用と判断するのは危険なため注意しましょう。

3 民法上の賃借権とその価格

Q 構築物等のように建物の所有を目的としない賃借権（民法上の賃借権）の価格は、どのように評価するのでしょうか。

A 民法上の賃借権の価格は、堅固な構築物等の場合、使用借権の1.5倍程度で評価されることもありますが、個々のケースで判断が必要です。

解説

1 民法上の賃借権とは

　建物所有を目的とする地上権及び土地の賃借権には借地借家法が適用されますが、土地上に存する建物以外の構築物については同法の適用対象外となっています。ただし、土地の賃貸借の目的が堅固な構築物の所有を目的とする場合、その内容は民法上の賃借権に該当することが多く、契約期間も10年または20年というように、比較的長期に及ぶものもあります。

　また、令和２年４月１日より改正後の民法が施行され、賃借権の最長期間も従来の20年から50年に延長されています。

> **民法**
>
> **（賃貸借の存続期間）**
>
> **第604条**　賃貸借の存続期間は、50年を超えることができない。契約でこれより長い期間を定めたときであっても、その期間は、50年とする。

2 　賃貸借の存続期間は、更新することができる。ただし、その期間は、更新の時から50年を超えることができない。

　借地借家法に基づく借地権については法律上の保護も厚く、取引慣行も成熟していることが多いのに対し、使用貸借による権利、民法上の賃借権の譲渡、転貸については取引慣行も未成熟です。しかし、民法上の土地賃借権の場合、借地借家法の保護は受けなくても、借主には契約期間内にわたり土地を独占的に使用できる経済的利益が発生し、当該期間内に貸主から解約を申し入れる際には、何らかの金銭的対価を伴うのが通常です。そのため、民法上の土地賃借権を評価する場合には、借地借家法が適用される借地権や使用借権の評価割合とのバランスを考慮する必要があります。

　一般的に、更地価格に対するこれらの権利の割合は、強弱の程度からして、

　　　　借地借家法に基づく借地権 ＞ 民法上の賃借権 ＞ 使用借権

の順序となると考えられます。

　不動産鑑定評価基準やその他の公的評価基準においては民法上の賃借権の評価割合についての規定はありませんが、公共用地の取得に伴う損失補償基準では使用借権の評価割合を借地権割合の3分の1程度としていることや上記のような権利の強弱の程度からして、堅固な構築物等の場合、実務的には使用借権の1.5倍程度の評価がなされるケースが多いようです。

　これを根拠付ける考え方として、民法上の賃借権の対価については、使用借権の対価との類似性から使用借権の対価を認め、それとの比較において、借地借家法上の借地権の対価との均衡を考慮しつつ対価を決定するのが妥当であるという見解があります（公益社団法人東京都不動産鑑定士協会『鑑定実務Q&A〈第6集〉』1995年2月）。

　また、東京地方裁判所の競売評価においては、競売不動産について民法上の賃借権が付着しており、それが対抗力のある賃借権である場合は、契約の内容、存続期間、更新の可能性、利用の態様、撤去の容易性等を

考慮して借地権割合の範囲内で減価を行うとしていることから、民法上の賃借権割合は借地権割合を上限として査定する趣旨が読み取れます。

　さらに、対抗力のない賃借権の付着する土地の場合、権利性よりも構築物を物理的に撤去するという経済的負担を減価の対象として把握することになるため、通常は市場性減価において考慮することとなります。その際の修正率は、構築物の有無、契約内容等を考慮して**図表4-3**の算定例における割合を参考にすることとされています。

図表4-3　対抗力のない賃借権の付着する土地の減価割合

使用状態	市場性修正	撤去の容易性
資材置き場、モデルルーム	0％～10%	1年から数年にわたる使用
露天駐車場	0％	解約随時
自走式立体駐車場	0％～20%	構築物あり。数年単位の利用
ゴルフ練習場・テニスコート	0％～10%	構築物の有無。契約内容等考慮

［出典］東京競売不動産評価事務研究会編「競売不動産評価マニュアル（第3版）」『別冊判例タイムズ』判例タイムズ社、2011年3月

2 評価例

　以下、民法上の賃借権割合を査定し、これをもとに賃借権の付着した土地（底地）の評価を行った例を掲げます。

○評価対象地及び契約の概要と評価例

　① 対象地

　　○○県○○市○○町○丁目○○番　面積5,000㎡　宅地

　② 契約の内容

　　土地賃貸借契約。

　　採石プラントの所有を目的とする土地賃貸借契約（対象面積2,000㎡）と置場を目的とする土地賃貸借契約（対象面積3,000㎡）の2つです。

前者を目的とする契約は、平成○○年○月○日から10年間の契約期間となっています。後者は1年間ごとの更新を繰り返しています。

③ 評価

本件土地の属する近隣地域では、借地借家法の適用を受ける借地権の場合、更地価格に対する借地権割合は50%程度とされています。また、本件土地の場合、構築物の所有を目的とする賃借権といえども、登記簿（乙区欄）に賃借権の登記がなされています（＝対抗力のある賃借権と判断される）。

仮に、本件土地上の権利が使用借権であるとした場合、その権利割合は、公共用地の取得に伴う損失補償基準の考え方を適用すれば、

$$\underset{50\%}{(借地権割合)} \times \frac{1}{3} \fallingdotseq \underset{16\%}{(使用借権割合)}$$

と査定されます。

対抗力のある民法上の賃借権割合を使用借権の1.5倍とした場合、本件土地については、

$$\underset{16\%}{(使用借権割合)} \times 1.5 \fallingdotseq \underset{25\%}{(民法上の賃借権割合)}$$

となり、借地権割合の約2分の1と査定されます。

本件においては、これをもとに更地価格から減価を行い、民法上の賃借権の付着した土地（底地、対象面積2,000㎡）の価格を次のとおり評価しました。

・更地価格

80,000円／㎡[※] × 2,000㎡ ＝ 160,000,000円

・底地価格

160,000,000円 ×（100% － 25%）＝ 120,000,000円

※ 取引事例比較法により求めていますが、過程は省略します。

チェックポイント

1. 建物以外の構築物等の所有を目的とする賃借権（民法上の賃借権）には借地借家法は適用されませんが、賃借権の価値がないというわけではありません。

2. 民法上の土地賃借権の場合、借地借家法の保護は受けないにしても、借主には契約期間内にわたり土地を独占的に使用できる経済的利益が発生していること等から経済価値を認めるケースがあります。

3. 一つの目安として、民法上の賃借権の価格は、堅固な構築物の場合、使用借権の1.5倍程度で評価されている例も多いといえます。

4. 一概に民法上の賃借権といっても、契約の内容、存続期間、更新の可能性、利用の態様、撤去の容易性等を個別に判定して評価を行う必要があります。

5. 令和2年4月1日より改正後の民法が施行され、賃借権の存続期間も最長50年に延長されているため、留意が必要です。

第 5 章

その他の土地利用権

1 地役権とその価格

Q
- 地役権の形態として、どのようなものがありますか。
- 承役地及び要役地の評価に当たり、どのような点に留意すべきですか。

A
地役権といっても、通行地役権、電線路敷設を目的とするもの、眺望・日照地役権など様々な形態があり、評価に当たっては、承役地に関しては土地利用が制限される度合いを、要役地に関しては地役権設定後の利用価値上昇の度合いを個別的に判断することが必要です。

解 説

1 地役権の形態と設定例

（1）地役権の形態

　鑑定実務においても、通行地役権や電線路敷設のための地役権が設定されている土地はしばしば登場します。建物所有を目的とする土地賃借権が付着した土地（底地）ほど頻度は高くありませんが、地役権が契約により設定されている例、契約によらず裁判で争った結果その設定が事実上あったとみなされた例（黙示の通行地役権の設定）、慣習によるものなど、様々なケースがあります。そこで、以下、地役権の様々な形態を体系的に分類し、全体を概観した上で個々の例を取り上げます。

　まず、地役権とは、ある土地の便益（＝利用価値の増進）のために他人

の土地を利用する権利です。例えば、A地の所有者がB地を通行する、電力会社が他人の土地上に送電線を架設する等のために設定することが多いといえます。そして、地役権の設定により便益が向上する土地を「要役地」（前記例のA地）、利用が制限される土地を「承役地」(前記例のB地）と呼んでいます。

図表5-1は、地役権の形態を体系的に分類したものです。

地役権は、**図表5-1**の（１）のとおり、その行使形態により、まず作為地役権（積極的な行為を目的とするもの）と不作為地役権（消極的にある行為を行わないことを目的とするもの）に分けられます。

次に、継続地役権（時間の区切りなく権利の内容が継続するもの）と不継続地役権（権利行使の内容が時間的に分断されることがあるもの）という分類も可能です。さらに、権利行使の内容を外形的な点からみた場合、それが外部から認識可能なものを表現地役権と呼び、外部から認識し得ないものを不表現地役権と呼ぶこともあります。

以上の分類とは別に、便益の目的から地役権の形態を分類する方法もあります。**図表5-1**の（２）はこれに基づくものですが、具体的には通行地役権、用水地役権、電線路敷設のための地役権、眺望・日照地役権、田ざわり・蔭打地役権、浸冠水地役権等の分類がこれに該当します。

そして、**図表5-1**の（１）と（２）のそれぞれの分類が別個独立のものではなく、（２）の項目が（１）の項目のいずれかに、あるいは重複して該当していることに留意する必要があります。

図表5-1　地役権の分類

【地役権】
（1）行使形態による分類
①作為地役権と不作為地役権
　　作為地役権：下記（2）①、②、③
　　不作為地役権：下記（2）④、⑤、⑥
②継続地役権と不継続地役権
　　継続地役権：通路を開設している通行地役権〈下記（2）①1）および
　　　　　　　　（2）③など〉
　　不継続地役権：通路を開設しない通行地役権〈下記（2）①2）〉
③表現地役権と不表現地役権
　　表現地役権：地上の送水管敷設による用水地役権〈下記（2）②の一部
　　　　　　　　および通路を開設している通行地役権〈下記（2）①1）〉〉
　　不表現地役権：眺望・日照地役権〈下記（2）④〉
　　　　　　　　　地下の送水管による引水地役権〈下記（2）②の一部など〉

（2）便益の目的による分類
①通行地役権
　　1）通路を開設して通行するもの（継続・表現）
　　2）通路を開設せず地上を通行するもの（不継続・不表現）
②用水地役権
　　要役地用に供するため承役地から引水したり、ある土地から他の土地に引
　水または排水する目的で、溝あるいは送水管を敷設するために設定される。
③電線路敷設のための地役権
　　電気事業者が他人の土地に電線路を敷設するため、自己の所有する発
　電所または変電所用地のために設定される。
④眺望・日照地役権
　　要役地の眺望や日照を妨げる建造物を建てないために設定される。
⑤田ざわり・蔭打地役権
　　耕地が樹木の蔭になって農作物の成長が妨げられるのを防ぐため、一定
　の範囲にわたり耕地に近接する山林に樹木の植栽をさせないこと等を目的と
　する。
⑥浸冠水地役権
　　電気事業者等が、水力発電所の貯水池周辺において洪水時に一時的に
　浸水あるいは冠水する土地に対し、ダム運営による浸冠水の認容および住
　居その他工作物の建設禁止を内容とする。

［出典］川島武宜、川井健編『新版注釈民法（7）物権（2）』有斐閣、2007年9月をもとに作成

（２）通行地役権が設定されている土地の具体例

① 通行地役権が契約により設定されているケース

　図表5-2のケースは、21番13の土地所有者と21番15の土地所有者（21番15の土地は21番12の所有者及び21番14の所有者の共有となっている）とが話し合って通行に関する合意をし、契約書を取り交わして通行地役権を設定したもので、要役地は21番13、承役地は21番15です。なお、地役権の設定対象となる承役地は21番15の全部であり、このように一筆の全部が対象となる場合には、地役権図面は作成されない仕組みとなっています。

　図表5-3は、これらの内容が登記されている場合における登記簿の記載事項例です。ただし、様式を簡略化して権利部の乙区欄のみ記載します。

図表5-2　通行の状態

公図の写し

道　路
21番16　21番15　21番14
21番12
21番13

ブロック塀→

21番13：要役地
21番15：承役地

・21番15の土地は、21番14と21番12の土地所有者の共有であり、両者の敷地内通路であって建築基準法上の道路ではありません。

土地利用状況図

道　路

居宅（D氏）　居宅（A氏）

居宅（B氏）

ブロック塀→

置場（C氏）

・21番15の土地はA氏、B氏だけでなく、C氏の通路としても利用されています。

図表5-3　通行地役権の登記簿の例

要役地（21番13）の権利部（乙区）			
弐	番号	順位	
承役地　○○市○○五丁目壱番壱五	権利者その他の事項欄		
平成○○年○月○日登記			
範囲　全部			
目的　通行			
要役地地役権			

承役地（21番15）の権利部（乙区）			
弐	番号	順位	
地役権設定	権利者その他の事項欄		
平成○○年○月○日受付			
第○○○○号			
原因　平成○○年○月○日設定			
目的　通行			
範囲　全部			
要役地　○○市○○五丁目弐壱番壱参			

② 黙示の通行地役権の設定があったとみなされたケース

　現実に通行地役権が設定され登記が行われているケースのなかには、契約によるものではなく、通行権をめぐる紛争の結果、認められたケースがあります。つまり、当事者間では明確な契約書の取り交わしはないものの、長期間にわたる通行の事実や過去の経緯等を踏まえて、裁判所が通行地役権の存在を認めたケースです。これを、しばしば「黙示の通行地役権の設定」と称しています。また、現実に最近の裁判例に表れる地役権には、通行地役権に関するものが多くあります。そのため、以下においては、判例に表れた黙示の通行地役権の設定の考え方を中心に掲げます。

　地役権の対抗要件は登記が行われていることですが、実際には、契約が締結されていても登記にまで至っていないケースも多く、第三者対抗要件の面で著しい支障が生じます。しかし、最近の最高裁判決には、地役権の登記が行われていなくても、地役権者（＝要役地の所有者）は承役地の譲受

人に対して地役権の存在を主張し、その旨の登記を請求することができるという判決があります。ただし、これは承役地の譲受人が地役権設定登記の欠缺を主張するにつき正当な利益を有する第三者に該当しないことが重要な前提となっています。

そこで、これに関する２つの判決の要旨を紹介します。

○最高裁平成10年12月18日判決（民集第52巻９号1975頁）

通行地役権の承役地の譲受人が地役権設定登記の欠缺を主張するにつき正当な利益を有する第三者に当たらない場合には、地役権者は、譲受人に対し、同権利に基づいて地役権設定登記手続を請求することができるとしました。

【要旨】

通行地役権の承役地の譲受人が地役権設定登記の欠缺を主張するについて正当な利益を有する第三者に当たらず、通行地役権者が譲受人に対し登記なくして通行地役権を対抗できる場合には、通行地役権者は、譲受人に対し、同権利に基づいて地役権設定登記を請求することができ、譲受人はこれに応ずる義務を負うものと解すべきである。譲受人は通行地役権者との関係において通行地役権の負担の存在を否定し得ないのであるから、このように解しても譲受人に不当な不利益を課するものであるとまではいえず、また、このように解さない限り、通行地役権者の権利を十分に保護することができず、承役地の転得者等との関係における取引の安全を確保することもできない。

これを本件について見るに、関係当事者間に通行地役権を設定する旨の合意がされているものの、これについての登記はないが、当該承役地の所有者は地役権設定登記の欠缺を主張するにつき正当な利益を有する第三者に当たらないのであるから、地役権者は当該通行地役権に基づき、登記手続を請求することができる。

○最高裁平成10年2月13日判決（民集第52巻1号65頁）

　通行地役権の承役地が譲渡された場合において、譲渡の時に、当該承役地が要役地の所有者によって継続的に通路として使用されていることがその位置、形状、構造等の物理的状況から客観的に明らかであり、かつ、譲受人がそのことを認識していたかまたは認識することが可能であったときは、譲受人は、通行地役権が設定されていることを知らなかったとしても、特段の事情がない限り、地役権設定登記の欠缺を主張するについて正当な利益を有する第三者に当たらないとしました。

【要旨】

　前記状況にある場合には、譲受人は、要役地の所有者が承役地について通行地役権その他の何らかの通行権を有していることを容易に推認することができ、また、要役地の所有者に照会するなどして通行権の有無、内容を容易に調査することができる。したがって、当該譲受人は、通行地役権が設定されていることを知らないで承役地を譲り受けた場合であっても、何らかの通行権の負担のあるものとしてこれを譲り受けたものというべきであって、当該譲受人が地役権者に対して地役権設定登記の欠缺を主張することは、通常は信義に反するものというべきである。

（3）用水地役権が設定されているケース

　用水地役権は慣習によって設定されている例が多いと聞きますが、**図表5-4**は契約によって設定されているケースの登記簿の例です。

　このなかに地役権図面という記載が登場しますが、これはすでに述べたように、一筆の一部に地役権が設定されている場合に作成されるものです。

図表5-4　用水地役権の登記簿の例

要役地の権利部（乙区）		
順位番号	弐	
権利者その他の事項欄	要役地地役権 承役地　○○市○○町○○番○○ 目的　流水の便益に供するため、排水管埋設 範囲　東側四・弐六平方メートル 平成○○年○月○日登記	

承役地の権利部（乙区）		
順位番号	弐	
権利者その他の事項欄	地役権設定 平成○○年○月○日受付 第○○○○号 原因　平成○○年○月○日設定 目的　流水の便益に供するため、排水管埋設 範囲　東側四・弐六平方メートル 要役地　○○市○○町○○番○○ 地役権図面第○号	

（4）電線路敷設のために地役権が設定されているケース

　現在、地役権のうち最も多く登記がされているのは、恐らく電線路敷設を目的とする地役権の場合であると思われます。

　電気事業者は一般需要家への電力供給のため、自己の所有する発電所または変電所から供給先に至るまで、他人の土地の上空に送電線を架設する

ケースが通常です。そして、電線路敷設のための地役権の設定は、通常、距離が長くなります。**図表5-5**は、これに該当する登記簿の例です。

　また、**図表5-6**は**図表5-5**とは別の土地ですが、一筆の一部に送電線の設置を目的とする地役権が設定されており、該当する部分を明確にするために作成された地役権図面の一部です。この図面のなかで、「57A」及び「57B」と表示された箇所に地役権が設定されており、この箇所が承役地に該当します。

図表5-5　電線路敷設のために地役権が設定されている登記簿の例

承役地の権利部（乙区）		
順位番号	壱	
権利者その他の事項欄	地役権設定 平成○○年○月○日受付 第○○○○号 原因　平成○○年○月○日設定 目的　一・承役地の上空に送電線を架設設置すること、及び保守運営、建替え、増強のために承役地を使用すること。 二・承役地に建造物を設置し、又は送電線路に支障となる竹木を植栽するなど「電気設備に関する技術基準」及びその改定法令に適合しない行為、その他送電線路の施設の妨げとなる行為を一切しないこと。 範囲　全部 要役地　○○市○○町○○番○○	

図表5-6　地役権図面の具体例

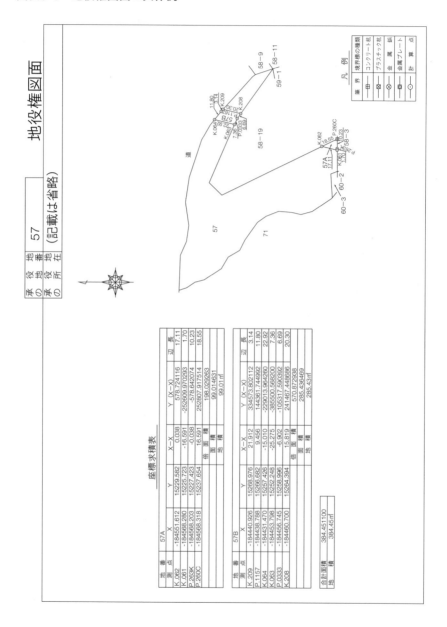

2 承役地及び要役地の評価に当たっての留意点

　地役権が設定されている土地を評価するに当たっては、承役地と要役地とに分けて考え、承役地に関しては減価要因、要役地に関しては増価要因としてとらえる方法が分かりやすいと思われます。

　もちろん、地役権の価格そのものを求める方法もありますが、借地権のような市場価値を伴う取引慣行が形成されていないため、不動産鑑定評価基準においても地役権の評価に関する規定は設けられていません。

（1）承役地の評価

　競売の評価において、家屋の構造や用途等に制限を受ける場合は更地価格から30%の減価を、家屋の建築が全くできない場合は50%の減価を行うこととされています。ただし、これらの割合は標準的なものという意味合いです。そして、高圧線下地についても、電圧が17万V以下の場合は30%を、17万V以上の場合は50%を標準として更地価格から減価するものとされています。これらの割合は、一般の鑑定実務においても活用されています。

　ただし、このような減価割合を画一的にすべてのケースに適用するのは実態にそぐわない場合もあるため、留意が必要です。

　例えば、ある土地が市街化調整区域内にあり、現況は山林または雑種地であって、上空の一部に電力株式会社の送電線（高圧線）が通っているというケースがあります。このような土地で地上部分の利用が制限されるという場合、評価上、何らかの減価が必要かどうかの検討が求められます。

　高圧線下にある土地は、それだけで心理的な不安感や不快感を伴い、状況によっては土地の利用価値が最大限に発揮されない（＝最有効使用が妨げられる）ケースも発生します。後者の例として、当該土地の上空を高圧線が通過していなければ5階建ての建物が建築できるところ、その影響によ

り3階建てに制限されてしまうといったケースがあげられます。

　また、高圧線による価格への影響は、用途や高圧線の地上からの高さ等によっても異なると考えられます。一般的には、大工場地域に属している土地は住宅地域内にある土地に比べ、高圧線が存在することによる快適性への影響度は少ないでしょうし、使用可能な容積率（工業地域では200％に指定されているケースが多い）との関係からして、建物の建築可能階層が商業地域や住宅地域に比べて制限される度合いは少ないと思われます。

　このような点から、高圧線下にある土地に対しては減価を考慮する必要があります。

　以上で述べてきた内容は、建物を建築して利用することが通常とされている地域（市街化区域）を暗黙の前提としてとらえています。しかし、市街化調整区域のように建物の建築が原則的に認められない地域、しかも現況が田、畑、山林、雑種地のような土地の上空に高圧線が通っている場合には、そのことによる利用制限がどれだけ認められ、土地の価値が減少するかという視点から振り返ってみる必要があります。なぜなら、一概に高圧線が存在するといっても、その位置が地上からかなり上空にあり、もともと建物の建築が許可されない土地上に位置する場合には、減価要因として作用しないといえるからです。

　これに関連する裁決事例として、市街化調整区域内に所在する山林については、高圧線下にあることの影響は皆無であるとはいえないとしても、なお、これを斟酌すべき特段の理由があるとは認められないとした事例（国税不服審判所平成10年9月30日裁決（裁決事例集No.56））もあります。この事例からは、対象地が市街化調整区域内にあり、もともと建物の建築ができないことが国税不服審判所の審決を導く重要な鍵となったことが読み取れます。

　当該裁決事例の本文には、対象地に区分地上権に準ずる地役権が設定されている場合の評価方法等についても詳細に述べられていますが、対象地

がこのような評価方法を適用する以前の問題として、高圧線下にあることの影響が皆無であるとはいえないにしても、なおこれを斟酌すべき特段の理由はないと述べられている点に注目すべきです。

　また、地役権は賃借権と異なり、要役地の所有者が独占的に承役地を利用するものではなく、承役地の所有者との共同利用を前提とすること、要役地の所有権の移転に伴って付随して移転するものであることを念頭に置く必要があります。

　ケースによっては、市街化区域内の土地で敷地内に通行地役権が設定されているものの、その設定箇所が敷地の片隅にあり、もともと建物の敷地としては利用しないような場所では、通行地役権が設定されていることによる減価を織り込む必要のないこともあり得ます。そのため、減価が必要か否かは個々の承役地の置かれた状況によるとも考えられます。

（2）要役地の評価

　競売の評価では、地役権設定の目的、範囲、態様等を総合的に考慮の上、更地価格の30％～50％を標準として加算し、個別的状況を勘案して加減するものとされています。

　地役権設定を必要とする土地（要役地）の状況も様々であるため、一概に格差率を査定することは困難ですが、地役権設定前の土地価格と設定後の利用価値の上昇を織り込んだ価格の差額をもって増価の度合いを判定することが合理的であると思われます。

1. 地役権とは、ある土地の便益のために他人の土地を利用する権利です。なかでも、通行を目的に設定するケース、電力会社が他人の土地上に送電線を架設するために設定するケースが多く見受けられます。

2. 地役権の設定により便益が向上する土地を「要役地」、利用が制限される土地を「承役地」と呼んでいます。

3. 地役権の形態は実に様々であるため、地役権が設定されていることによる要役地の価値上昇、承役地の価値減少の度合いも、それぞれの実態に応じて判断する必要があります。

4. 地役権図面は、地役権が設定されている土地のすべてではなく、一筆の一部に地役権が設定されている場合のみ作成されます。

5. 画一的にすべてのケースに適用はできませんが、承役地の評価においては、家屋の構造や用途等に制限を受ける場合は更地価格から30%の減価を、家屋の建築が全くできない場合は50%の減価を標準とする考え方が役立ちます。

6. 要役地の評価では、地役権設定の目的、範囲、態様等を総合的に考慮の上、更地価格の30%〜50%を標準として加算し、個別的状況を勘案して加減するという考え方が役立ちます。ただし、要役地の状況は様々であることから、地役権設定前の土地価格と設定後の利用価値の上昇を織り込んだ価格を比較して増価の度合いを判定することが合理的であると思われます。

2 区分地上権とその価格
（権利の内容と鑑定評価の手法）

Q
- 区分地上権とはどのような権利ですか。
- 区分地上権の価格及び鑑定評価の手法について、どのような点に留意すべきですか。

A
区分地上権とは、土地の上下の空間を区切って使用する権利のことで、鑑定評価において、いくつかの評価手法があります。なかでも、土地利用制限率を適用して価格を求める手法が、実務的に多く用いられています。

解説

1 区分地上権とは

　民法では、他人の土地を使用するに当たり、地上権という権利を認めています。地上権は物権であるため、これが設定された場合には、その土地の使用収益に関して地上権者は排他的な権利を有することとなります。

> **民法**
> **（地上権の内容）**
> **第265条**　地上権者は、他人の土地において工作物又は竹木を所有するため、その土地を使用する権利を有する。

民法第207条にも規定されているとおり、土地の所有権はその土地の上下に及びますが、地上権の場合も使用領域に定めがない限り、これが支配できる領域は所有権と何ら変わりはありません。

しかし、地上権のなかには、例えば送電線のように対象地の地上○mから○mまでの範囲に限って使用するとか、地下鉄のように対象地の地下○mから○mまでの範囲に限って使用するというようなものもあります。このように、使用する範囲が区分された（＝限定された）地上権が「区分地上権」です（民法第269条の2）。

民法

（地下又は空間を目的とする地上権）

第269条の2　地下又は空間は、工作物を所有するため、上下の範囲を定めて地上権の目的とすることができる。この場合においては、設定行為で、地上権の行使のためにその土地の使用に制限を加えることができる。

2　前項の地上権は、第三者がその土地の使用又は収益をする権利を有する場合においても、その権利又はこれを目的とする権利を有するすべての者の承諾があるときは、設定することができる。この場合において、土地の使用又は収益をする権利を有する者は、その地上権の行使を妨げることができない。

地上権と区分地上権の相違点は、土地を使用する範囲が区分されているかどうかにあります。もちろん、両者とも登記が可能です。

なお、区分地上権が設定されていても、その登記簿には単に「地上権設定」としか記載されていないことに留意が必要です。そこに記載されている権利が地上権であるか、区分地上権であるかは、設定の目的や土地の使用範囲に関する記載をみれば判断がつきます。現実には、建物の所有を目的とする地上権の登記がされていることは極めて稀であり、登記簿に記載されている地上権の大部分は区分地上権に関するものです。

　次に、区分地上権の設定例ですが、都市部においては他人の土地の地中部分を地下鉄が通り、土地所有者と事業者との間に区分地上権設定契約が結ばれている例が多く見受けられます（土地所有者：区分地上権設定者、事業者：区分地上権者）。このような場合、対象地に区分地上権設定登記がされていることが多く、登記簿の権利部（乙区欄）でその事実を確認することができます。宅地の場合、区分地上権の設定により建物の建築ができなくなるわけではありませんが、地下鉄の構築物にかかる建物・工作物の荷重についての制限を受け、その結果、建物の構造や建築可能階数等に影響を与える場合があります。

　区分地上権が設定されている土地は、以上の減価要因を有するため、土地所有者が利用上の制約を受ける程度に応じ、その影響を土地の価格に反映させる必要が生じます。

② 区分地上権の価格及び鑑定評価の手法

　不動産鑑定評価基準では、区分地上権の鑑定評価手法について、次の規定を置いています。

● 不動産鑑定評価基準

4．区分地上権

　区分地上権の価格は、一般に区分地上権の設定に係る土地（以下「区分地上権設定地」という。）の経済価値を基礎として、権利の設定範囲における権利利益の内容により定まり、区分地上権設定地全体の経済価値のうち、平面的・立体的空間の分割による当該権利の設定部分の経済価値及び設定部分の効用を保持するため他の空間部分の利用を制限することに相応する経済価値を貨幣額で表示したものである。

　この場合の区分地上権の鑑定評価額は、設定事例等に基づく比準価格、土

地残余法に準じて求めた収益価格及び区分地上権の立体利用率により求めた価格を関連づけて得た価格を標準とし、区分地上権の設定事例等に基づく区分地上権割合により求めた価格を比較考量して決定するものとする。

（各論第1章第1節4）

　区分地上権の価格は、その設定の対象となっている土地の経済価値（更地の状態を前提として考える）を基礎として、当該区分地上権が空間あるいは地下のどの範囲に設定され、どのような権利利益が保護されているか（＝権利利益の内容）によって定まります。

　不動産鑑定評価基準にある「平面的・立体的空間の分割による当該権利の設定部分の経済価値」とは、例えば、上空のうち〇mから〇mまでの範囲を高圧線の架設のために使用する場合、その部分の経済価値がいくらに相当するかということです。また、「設定部分の効用を保持するため他の空間部分の利用を制限することに相応する経済価値」とは、例えば、高圧線の架設により上空の一部に建物等の建築を制限される部分が生ずる場合、これに伴う経済価値の減少分がいくらに相当するかということです。

　区分地上権の価格は、これらの要素を加味して求める必要があります。

　この場合の区分地上権の鑑定評価額は、設定事例等に基づく比準価格、土地残余法に準じて求めた収益価格及び区分地上権の立体利用率により求めた価格を関連づけて得た価格を標準とし、区分地上権の設定事例等に基づく区分地上権割合により求めた価格を比較考量して決定するものとされています。なお、設定事例等に基づく比準価格を求める場合には、事例地ごとに個別性が強いことに留意する必要があります。

　また、土地残余法に準じて求めた区分地上権の収益価格とは、区分地上権が設定されていない状態で当該土地（更地）に最有効使用の建物を建設して賃貸した場合を想定して求めた収益価格（土地残余法）から、区分地上権が設定されている状態で建築可能な建物を建設して賃貸した場合を想

定して求めた収益価格を控除したものです。

　さらに、 区分地上権の立体利用率により求めた価格とは、 区分地上権の設定対象となっている土地 （更地） の価格に、 権利が設定される空間部分の経済価値の割合 （土地の上下全体に占める当該部分の価値割合、 すなわち立体利用率） を乗じて求めた価格のことを意味します。 その際の立体利用率としては、 公共用地の取得に伴う損失補償基準細則に定める土地利用制限率を用いることが一般的であり、 実務においても多く用いられています。

　なお、 区分地上権の設定事例等に基づく区分地上権割合により求めた価格も比較考量することとされています。 ここで、 区分地上権割合とは、 借地権割合と同様の概念であり、 区分地上権の設定の対価 （設定価格） の更地価格に対する割合を意味します。 この手法も、 適切な事例が収集できれば、 実務になじみやすいといえます。

チェックポイント

1. 土地の上下の空間を区切って使用範囲を特定し、 他人の土地を利用する権利が 「区分地上権」 です。

2. 区分地上権が設定されている登記簿には、 「区分地上権の設定」 ではなく、 「地上権設定」 と記載されます。

3. 登記簿 （乙区欄） に記載されている内容 （設定の目的や土地の使用範囲に関する記載） をみれば、 地上権であるのか、 区分地上権であるのかの判断がつきます。

4. 地上権が設定されているケースのほとんどが区分地上権に該当します。

5. 鑑定実務では、 公共用地の取得に伴う損失補償基準細則に定める土地利用制限率を適用して求めることが多く、 区分地上権割合を用いる方法も、 適切な事例が収集できれば、 実務になじみやすいといえます。

3 区分地上権とその価格（評価例）

Q 区分地上権の評価手法のうち、土地利用制限率を適用して価格割合を査定した例として、どのようなものがありますか。

A 土地利用制限率とは、区分地上権を設定することによってその土地が受ける利用制限の度合いのことを意味し、以下の具体例のとおり、案件の状況により異なります。

解説

1 土地利用制限率を用いた区分地上権の価格割合

ここでは、前項で述べた地下鉄道の敷設を目的とする区分地上権を取り上げ、区分地上権の価格を求める具体例を解説します。

図表5-7は、区分地上権が設定されている登記簿記載事項の例です（権利部の乙区欄のみ掲載）。

区分地上権を設定したからといって建物の建築ができなくなるわけではありませんが、地下鉄の構築物にかかる建物・工作物の荷重について制限を受ける結果、建物の構造や建築可能階数等に影響を受ける場合があります。区分地上権が設定されている土地の評価に際しては、このような観点からそれなりの減価が必要とされるケースが多く、減価に相応する金額を事業者から土地所有者に対して補償金という形で一時金が支払われるのが通常です。

図表5-7　区分地上権の設定されている登記簿の記載例（権利部の乙区欄）

```
地上権設定
平成〇年〇月〇日受付
第〇〇〇〇号
原因　平成〇年〇月〇日設定
目的　地下鉄道敷設
範囲　東京湾平均海面の下　弐〇・八メートルから
　　　東京湾平均海面の下　参六・七メートルまで
存続期間　設定の日から地下鉄道構築物存続中
地代　無料
特約　壱　地下鉄道の運行の障害となる建物、工作物
　　　等を設置しないこと。
　　　弐　木造以外の建物、工作物等を構築する場合は、
　　　予め設計及び工法等について地上権者と協議し、書
　　　面による同意を得ること。
　　　参　地下鉄道構築物にかかる建物、工作物の荷重
　　　は、建物、工作物等の基礎底面において壱平方メー
　　　トルにつき八トン以下とすること。
地上権者　〇〇区〇〇町〇丁目〇番〇号
　　　　　〇〇地下鉄株式会社
```

※　現在、登記簿の写しは「登記事項証明書」という形で発行され、横書きのものが使用
されていますが、本項では簡略化のため上記の掲載形式としました。

　このように、地下鉄道をはじめとする地下阻害物が存在することにより土地所有者が利用上の制約を受ける場合、その影響を評価額に反映させる必要があります。しかし、その程度については極めて個別性の強い問題であるため、「土地価格比準表」には区分地上権が設定されていることによる補正率についての定めは置かれていません。

　地下阻害物が存在する場合の宅地については、他の価格形成要因とは異なり、区分地上権あるいは地役権等の設定契約に基づく減価要因が発生することから、土地利用上の阻害の程度は契約内容によって左右されるといえます。

したがって、区分地上権の鑑定評価においては、区分地上権設定契約にかかる内容から土地利用の制限の程度を判断し、これをもとに土地利用制限率を査定して区分地上権の価格を求める方法が採用されています。

　以下、その際の減価要因のとらえ方について検討します。

　地下鉄道の施設物設置を目的として区分地上権を設定した場合、当該宅地を立体的にみたときに、区分地上権の設定部分とそれ以外の部分とに分割されます。その結果、上空の一部や地下に利用を阻害される部分が生じ、当該宅地の価格の低下を招くなどの影響を被る場合が生じてきます。

　これに着目し、鑑定評価では区分地上権の設定による土地利用制限率を求めてこれを更地の価格に乗じ、これをもって区分地上権の価格（ただし、最終決定額ではなく試算価格の一つとしての位置付け）とする手法がしばしば用いられます。もちろん、区分地上権の鑑定評価においては、適用する手法として取引事例比較法（区分地上権の設定事例をもとに価格を求める手法）、収益還元法（区分地上権を設定する前後の土地に帰属する純収益を還元した価格を比較する。その際、区分地上権設定前の最有効使用の状態における純収益と設定後の状態における純収益を求め、その差額を還元して価格を求めることが基本となる）、区分地上権の設定事例に基づく区分地上権割合から求める方法等の手法を可能な限り併用することが望ましいといえます。

　しかし、実務的にすべての手法を適用することは容易ではなく、資料の収集等の制約もあることから、理論的である土地利用制限率をもとにした手法が役立つと考えられます。また、当該手法は補償実務の面でも従来から適用されており、鑑定実務にとっても極めて有用な手法であるといえます。

　次の **2** では、以下、土地利用制限率を適用して区分地上権の価格割合を査定した具体例を解説します。

2 土地利用制限率による査定例

　土地利用制限率を算定するためには、地上及び地下にわたる土地の利用価値を案件に即して判断し、査定することが必要となります。公共用地の取得に伴う損失補償基準細則別記2「土地利用制限率算定要領」では、土地の利用価値について、以下の規定を置いています。

【土地利用制限率算定要領】

（土地の利用価値）

第2条　土地の利用価値は、地上及び地下に立体的に分布しているものとし、次の各号に掲げる使用する土地の種別に応じ、当該各号に掲げる利用価値の合計とすることを基本とし、それぞれの利用価値の割合は、別表第1「土地の立体利用率配分表」に定める率を標準として適正に定めるものとする。

　一　高度市街地内の宅地

　　　建物による利用価値及びその他の利用価値（上空における通信用施設、広告用施設、煙突等の施設による利用及び地下における特殊物の埋設、穿井による地下水の利用等をいう。以下同じ。）

　二　高度市街地以外の市街地及びこれに準ずる地域（概ね、市街化区域内又は用途地域が指定されている高度市街地以外の区域をいう。）内の宅地又は宅地見込地

　　　建物による利用価値、地下の利用価値及びその他の利用価値

　三　（省略）

　第2条の「建物による利用価値」、「地下の利用価値」及び「その他の利用価値」は、具体的には案件ごとに土地利用制限率算定要領の別表1「土地の立体利用率配分表」（**図表5-8**）に当てはめて査定します。この割合を次の第3条「利用価値の割合」へ代入して、土地利用制限率を算定します。

図表5-8　土地の立体利用率配分表（農地、林地を除く）

土地の種別／容積率等		宅　地						宅地見込地
利用率等区分		900%を超えるとき	600%を超え900%以内	400%を超え600%以内	300%を超え500%以内	150%を超え300%以内	150%以内	
最有効使用	建物等利用率（β）	0.9	0.8	0.7	0.7	0.6	0.6	0.6
その他使用	地下利用率（γ）	0.1	0.2	0.3	0.2	0.3	0.3	0.3
その他使用	その他利用率（δ）	0.1	0.2	0.3	0.1	0.1	0.1	0.1
その他使用	（δ）の上下配分割合	1：1				2：1	3：1	4：1

注1　建築基準法等で定める用途地域の指定のない区域内の土地については、当該地の属する地域の状況等を考慮のうえ、土地の種別のいずれか照応するものによるものとする。

　2　土地の種別のうち、宅地の同一容積率での地下利用率（γ）については、原則として当該地の指定用途地域又は用途的地域が商業地域以外の場合等に適用するものとする。

　3　土地の種別のうち、宅地中、当該地の指定用途地域又は用途的地域が商業地域の場合の建物等利用率（β）については、当該地の属する地域の状況等を考慮して、上表の率を基礎に加算することができるものとする。

　4　（省略）

［出典］公共用地の取得に伴う損失補償基準細則別記２別表第１

【土地利用制限率算定要領】

（土地利用制限率の算定方法）

第3条　土地の利用制限率は、次式により算定するものとする。

　一　前条第1号の土地の場合

建物による利用価値の割合 $\times \dfrac{B}{A}$ ＋ その他の利用価値の割合 $\times \alpha$

　　A　建物利用における各階層の利用率の和

　　B　空間又は地下の使用により建物利用が制限される各階層の利用率の和

　　α　空間又は地下の使用によりその他利用が制限される部分の高さ又は深さによる補正率（0 ～ 1の間で定める。）

　二　前条第2号の土地の場合

建物による利用価値の割合 $\times \dfrac{B}{A}$ ＋ 地下の利用価値の割合 $\times$ p

＋ その他の利用価値の割合 $\times \alpha$

　　A、B　それぞれ前号に定めるところによる。

　　p　地下の利用がなされる深度における深度別地下制限率

　　α　前号に定めるところによる。

　三　（省略）

　「建物利用における各階層の利用率」とは、例えば1階を100とした場合の各階の価値割合を示すものです（住宅、店舗、事務所等の用途によって異なる）。

このような各階層の利用率は、近隣地域の建物の階層別分譲価格や賃借料等を参考にして求めることが多いのですが、土地利用制限率算定要領の第2条に記載されている「高度市街地内の宅地」については、同要領第4条の規定を根拠に**図表5-9**の「建物階層別利用率表」を活用して査定することもできます。

【土地利用制限率算定要領】

（建物利用における各階層の利用率）

第4条 前条に規定する建物利用における各階層の利用率を求める際の建物の階数及び用途は、原則として、使用する土地を最も有効に使用する場合における階数及び用途とするものとし、当該階数及び用途は、次の各号に掲げる事項を総合的に勘案して判定するものとする。

一　当該地域に現存する建物の階数及び用途

二　当該地域において近年建築された建物の標準的な階数及び用途

三　土地の容積率を当該土地の建ぺい率で除して得た値の階数

四　当該地域における都市計画上の建ぺい率に対する標準的な実際使用建ぺい率の状況

五　当該地域における用途的地域

六　当該地域の将来の動向等

2　建物の各階層の利用率は、当該地域及び類似地域において近年建築された建物の階層別の賃借料又は分譲価格等を多数収集の上これを分析して求めるものとする。この場合において、高度市街地内の宅地にあっては、別表第2「建物階層別利用率表」を参考として用いることができるものとする。

図表5-9　建物階層別利用率表

階　層	Ａ群	Ｂ群	Ｃ群			Ｄ群
9	32.8		30.0	30.0	30.0	↑
8	32.9		30.0	30.0	30.0	
7	33.0		30.0	30.0	30.0	
6	36.9	67.4	30.0	30.0	30.0	
5	40.1	70.0	30.0	30.0	30.0	
4	42.8	72.7	30.0	30.0	30.0	
3	44.1	75.4	60.0	30.0	30.0	
2	61.5	79.4	70.0	70.0	30.0	
1	100.0	100.0	100.0			100.0
地下１	55.7	52.9	60.0			
地下２	33.1		40.0			

Ａ群　下階が店舗で上階にゆくに従い事務所（例外的に更に上階にゆくと住宅となる場合もある。）使用となる建物
Ｂ群　全階事務所使用となる建物
Ｃ群　下階が事務所（又は店舗）で大部分の上階が住宅使用となる建物
Ｄ群　全階住宅使用となる建物

［出典］公共用地の取得に伴う損失補償基準細則別記２別表第２

以下、区分地上権の価格割合を査定する際の流れを解説します。

（１）立体利用率の配分

　まず、本件宅地が高度商業地内に存在することを前提に、立体利用率を、①最有効使用の建物による利用率80％、②その他の利用方法による利用率20％（地上及び地下の配分割合を１対１）と査定しました（**図表5-8**）。

（2）土地利用制限率の査定

① 最有効階数及び制限階層の判定

まず、近隣での建物の最有効階数を地下1階、地上7階と判定しました。

次に、契約による制限荷重が現地地表（G.L.）において8 t/㎡であり、1階当たり制限荷重が2 t/㎡であるため、建築可能建物は地上4階建に制限されます。そのため、利用制限の対象は地下1階、地上5階から7階と判断されます。

② 建物利用に対する制限率の査定

図表5-9を参考に、建物利用に対する制限率を0.32と査定しました。

建物利用に対する阻害率

$$= 0.8 \times \frac{制限を受ける部分の建物利用率合計}{最有効建物の階層別利用率合計}$$

$$= 0.8 \times \frac{(55.7+40.1+36.9+33.0)}{(55.7+100+61.5+44.1+42.8+40.1+36.9+33.0)}$$

$$= 0.8 \times \frac{165.7}{414.1} \fallingdotseq 0.32$$

③ その他利用に対する阻害率の査定

当該宅地の場合、地下部分の利用は制限されますが、上空の利用は制限されないため、その他利用に対する阻害率を0.10と査定しました（**図表5-8**）。

$$その他利用に対する阻害率 = 0.2 \times \frac{1}{2} = 0.10$$

④ 土地利用制限率の査定

建物利用に対する制限率（0.32）にその他利用に対する制限率（0.10）を加算して、土地利用制限率を0.42と査定しました。

　以上の結果から、区分地上権の価格割合（更地価格に対する割合）を
0.42と査定しました。区分地上権の価格を査定する際には、更地価格にこ
の割合を乗じて求めることとなります。

チェックポイント

1. 「土地価格比準表」には、区分地上権が設定されていることによる補
　　正率の定めは置かれていません。

2. 鑑定実務では、区分地上権の設定による土地利用制限率を求めて、
　　これを更地価格に乗じ、区分地上権の価格を求める手法が多く用いら
　　れています。

3. 土地利用制限率を求める際に適用されるのは、「土地の立体利用率配
　　分表」及び「建物階層別利用率表」であり、いずれも土地利用制限
　　率算定要領（公共用地の取得に伴う損失補償基準細則別記２）に拠
　　り所を置いています。

4 温泉利用権（引湯権）の付いた土地の価格

Q
- 温泉権という用語は、物権的な意味（温泉湧出箇所の所有権等）と債権的な意味（温泉利用権（引湯権）等）の2つの概念で使用されているようですが、その相違点はどこにありますか。
- 温泉利用権（引湯権）の付いた土地はどのように評価しますか。

A
温泉権といってもその概念は統一されていません。大きくは、温泉を汲み上げる物権的な権利（湯口権）と源泉から温泉を引き込む債権的な権利（引湯権）に分かれ、それぞれ評価方法が異なります。また、本項で取り上げるのは温泉利用権の付いた土地の評価例ですが、その理由は温泉の新規掘削は極めて少ないことによります。

解説

1 温泉の定義及び温泉権

温泉法第2条第1項では、「「温泉」とは、地中からゆう出する温水、鉱水及び水蒸気その他のガス（炭化水素を主成分とする天然ガスを除く。）で、別表に掲げる温度又は物質を有するもの」と定義しています。また、別表では、「温度」とは摂氏25度以上、「物質」とは溶存物質（ガス性のものを除く）が1,000ミリグラム以上という基準のほか、イオン等の物質ごとに基準が定められ、そのうちの一つでも満たす場合は温泉法上の温泉と認められています。

ただし、温泉法そのものは行政法規の一つであり、温泉についての私法（財産権としての温泉権）について規定した独自の法律は存在しません。

　また、 不動産登記事務取扱手続準則第68条では、「鉱泉地」とは、「鉱泉（温泉を含む。）の湧出口及びその維持に必要な土地」 をいうとしていますが、 ここにいう「鉱泉」 も温泉法における温泉と同意義に解されています。

　しかし、「温泉権」 と呼ぶ場合、 その用語の概念は必ずしも統一されていないのが実情です。 例えば、 温泉権を意味する言葉として、 湯口権、 引湯権、分湯権、 温泉利用権、 温水使用権等の他にもいくつか登場します。 温泉権に関しては以下の見解がありますが、 本書でも同じ考え方をとっています。

　「温泉権」 の中心は、（中略）湯口において直接湯を採取し管理しうる権利（湯口権・源泉権）であり、これを第一次温泉権と称する。さらに、温泉権の概念としてはこれにとどまらず、（中略）引湯しまた分湯・配湯を受けて利用する権利（分湯権と配湯権に分けられる）（第二次温泉権）まで含まれると解すべきである。

［出典］安藤雅樹「温泉と法に関する考察」『信州大学法学論集』第17号、2011年 8 月

---

２ 物権的意味及び債権的意味での温泉権

温泉権という用語が物権的な意味で使用される場合、 次の権利を含みます。

・**源泉地盤所有権**
　　温泉湧出個所が存在する地盤（源泉地盤、湯口地盤）の所有権
・**採取設備所有権**
　　温泉湧出個所において温泉を採取、利用、処分するための物的設備に対する権利
・**湯口権**
　　湯口（湧出温泉）を支配する権利

参考：『臨時増刊　不動産鑑定』住宅新報社、1981年12月

これに対し、債権的な意味で使用される場合は、温泉の給湯を受ける権利そのものが対象であり、それは一般に「引湯権」、「温泉利用権」、「分湯権」などと呼ばれています。

　源泉地盤所有権（湯口地盤所有権）、採取設備所有権、引湯権、湯口権のイメージ図が**図表5-10**です。

　図表5-10のとおり、湯口権と引湯権は呼称が類似していますが、それぞれの意味は異なります。すなわち、湯口権という場合は温泉を汲み上げる権利を指すのに対して、引湯権という場合は温泉を引き込む権利を指しています。また、引湯権を有する人からお湯を分けてもらう権利が分湯権です。温泉地にある別荘や温泉権付きのマンションには、このような形態をとるものも多く見受けられます。ただし、温泉にかかる権利は一様ではなく、複雑な権利関係がからむケースもあるため、温泉の供給に関しては個々の契約内容を十分に確認することが必要です。

図表5-10　温泉権に関する態様の図

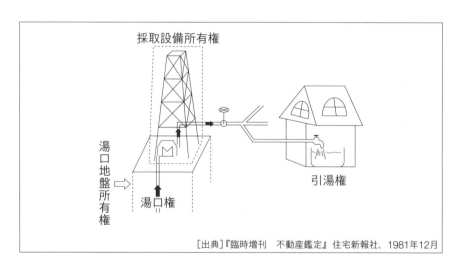

［出典］『臨時増刊　不動産鑑定』住宅新報社、1981年12月

　また、 温泉権の対象が物権的な意味で使用されている場合（第一次温泉権）と債権的な意味で使用されている場合（第二次温泉権）とでは、 その性格や経済的価値が著しく異なります。

　ちなみに、 物権的な意味での温泉権の評価を行う場合、 次の手法を適用して温泉権の価格を求めることになります。

① 原価法
　　対象源泉について、 価格時点で新規に掘削を行う場合の掘削費をもとに積算価格を求める。
② 取引事例比較法
　　対象源泉の存する地区周辺における源泉の取引事例をもとに比準価格を求める。 ただし、 実際にこのような事例を収集することは困難であると思われる。
③ 収益還元法
　　対象源泉からの引湯開始に際して設定された権利金（現在価値）と現行使用料を基準とした収益価格を求める。

　昨今では、 温泉の新規掘削は極めて少なく、 温泉を掘削する際には、温泉法第3条に基づき、 都道府県知事の許可が必要となります。 また、 温泉地においても、 ホテルや企業の保養所等が自己で源泉を所有しているケースも少ないと思われます。

　そのため、 このような施設では地元の温泉供給会社等の所有する源泉から給湯を受けたり、 そこからさらに分湯を受けているケースが多いといえます。 その場合、 給湯を受ける会社から温泉供給会社に対し、 給付開始一時金（権利金）として○,○○○,○○○円、 使用料として月額○○,○○○円を支払うという契約形態が一般的です。

このケースでは、他人が所有する源泉から給湯を受けるに当たり、タンクローリー等の車両により道路脇だけを利用していることもあれば、源泉所有者以外の第三者所有地内に引湯管（パイプ）を埋設していることもあります。タンクローリー等の車両による運搬の場合は、公道あるいは通行権のある私道を通行するものであるため、権利上は特段の問題は生じません。しかし、引湯管の場合は、温泉権者と異なる者が所有する土地の地中あるいは地上を通過するケースでは、法的には土地の所有権者との関係で利用権の設定が必要となります（安藤雅樹「温泉と法に関する考察」『信州大学法学論集』第17号、2011年8月）。その際の利用権としては、地上権、地役権、賃借権、使用借権等が考えられます。仮に賃借権の設定を想定した場合でも、それが建物所有を目的とするものではないことから借地借家法の適用はなく、民法上の賃借権となり、相対的に借主保護の度合いが弱くなります。

　一方、現実的には、他者所有土地内への埋設に際しては地元における力関係、縁故、従来の経緯等により大きく左右され、古くより埋設されているものには相互にその土地利用に支障がない範囲で受忍しているため、無償の場合が多いとの指摘もあります（『臨時増刊　不動産鑑定』住宅新報社、1988年4月）。

　以上、物権的な意味での温泉権と債権的な意味での相違点を述べましたが、昨今、温泉の新規掘削は極めて少ないことから、次項では温泉利用権（引湯権）の付いた土地の評価例を解説します。

３ 温泉利用権（引湯権）の付いた土地の評価例

　以下、建物及びその敷地として評価したもののなかから、土地に関連する箇所のみ抜粋します。

A．価格形成要因の分析

1．○○町の状況

　　○○町は、○○県の南西端、○○県との県境に位置し、北は○○村、西は○○市に、南西から南東側は○○県○○村に接し、これら市町村とはJR○○線、国道18号を主軸に結び付き、○○町から○○市までは約30kmである。

　　○○町の地勢は、○○山の2,560mを最高地点に、700m前後の高原地帯を経て○○川と○○川合流地点付近の標高370mが最低地点である。土地利用の状況は、○○町の町域125㎢のうち85％が○○国立公園に含まれる山林で、この他に田・畑等の農地が5％、宅地が2％、原野が8％である。

　　○○町の令和○年○月末現在の人口は約7,000人、世帯数は約2,200戸で、人口は減少傾向で推移している。供給処理施設は、上水道及び町営の都市ガスが整備されており、下水道は○○温泉地区の一部で供用開始されている。

　　○○町は古くから雄大な○○山に抱かれた景勝地で、JR○○高原駅を玄関口に、○○山東麓の斜面には、○○温泉、○○○温泉、○○○○温泉があり、各地域ではスキー場が開発され、町の主要産業である観光の柱となっている。（以下省略）

2．近隣地域の状況

　評価対象不動産の所在する近隣地域の地価形成に影響を持つ主な地域要因は次のとおりである。

（1）近隣地域の範囲

　　評価対象不動産が北側で接面する道路沿いで、評価対象不動産から東方へ約400m、西方へ約500mの地域。

（2）地域要因

　a. 街路条件

　　当該地域が接面する道路は幅員約９mの舗装町道で、東方で国道18号に、西方で主要地方道○○高原線にそれぞれ接続し、系統・連続性は良好である。

　b. 交通・接近条件

　　(a) 最寄り駅等

　　　JR○○本線「○○高原」駅から近隣地域の中心まで北西方へ約３km、○○自動車道「○○高原I・C」からは北方へ約４km。

　　(b) レジャー施設への接近性

　　　当該地域から○○観光ホテルスキー場まで西方へ約1.5km。

　　(c) 都心からの接近性

　　　東京から○○新幹線「○○」駅乗換え、○○本線特急利用で約２時間30分、○○自動車道で約２時間40分。

　c. 環境条件

　　(a) 自然的状態（省略）

　　(b) 供給処理施設（省略）

　　(c) 危険・嫌悪施設、自然的災害（省略）

　　(d) 土地利用の状況

　　　企業の保養所を中心に、別荘・ロッジも介在する地域。

　　(e) 行政的条件

　　　非線引都市計画区域で、用途地域の指定はない。第３種風致地区（建蔽率40％以下、道路後退２m以上、隣地後退１m以上、制限建築高15m以下等）。

　　(f) 標準的画地の形状・規模

一画地が規模3,000㎡程度（間口35m、奥行85m）の長方形地。

(g) 地域要因の変動の予測

「○○高原」駅と○○温泉・○○○温泉とを結ぶ幹線道路沿いに、企業の保養所を中心に別荘・ロッジも介在する高原のリゾート地で、当該地域周辺でも一時期の開発ブームに乗り、リゾートマンション等も建設された時期がある。しかし、風致地区の指定があるため高層の建物はなく、先行き不透明の長期化から保養所の閉鎖が加速されており、当該地域のリゾート地の衰退傾向は今後も続くと予測される。

(h) 標準的使用

保養施設の敷地。

(i) その他の要因（省略）

3. 評価対象不動産の状況

評価対象不動産の価格形成に影響を持つ主な個別的要因は次のとおりである。

（1）近隣地域における位置

近隣地域のほぼ中央部に位置する。

（2）個別的要因

a. 街路条件

評価対象地の北側の幅員約9mの舗装町道で、近隣地域の標準的画地と同じ。

b. 交通・接近条件

近隣地域の標準的画地と同じ。

c. 環境条件

貸温泉使用権2口による引湯が可能であるほかは、近隣地域の標準的画地と同じ。

　評価対象不動産は○○新温泉土地株式会社から温泉を引湯しており、その源泉は○○温泉と同じ○○で、泉質は無色・無味・微硫化水素臭を有する石膏泉で、○○新温泉土地株式会社が第一次温泉権を所有し、各戸に配湯している。その口数は概ね800口で、1口当たり4.5ℓ／分程度、年間12万円の維持費の支払いが必要で、当該貸温泉使用権は土地に付着した権利として、土地とともに移転するのが通常である。その際には、○○新温泉土地株式会社の承諾が必要である。

(a) 行政的条件

　非線引都市計画区域で、用途地域の指定はない。第3種風致地区（建蔽率40％以下、道路後退2m以上、隣地後退1m以上、制限建築高15m以下等）。

(b) 画地条件

　北側が幅員約9mの舗装町道103号線にほぼ等高に接面する間口約89m、奥行約90m～130m、規模8,690㎡の南西部が突出したやや不整形地である。

(c) その他の条件（省略）

(d) 最有効使用

　近隣地域の標準的使用と同じく保養施設の敷地である。

(e) 標準的画地と比較した増減価要因

　○増価要因

　　温泉の引湯が可能である

　○減価要因

　　規模が大きい

　　全体的に起伏がある

B．評価

1．近隣地域の標準的使用における標準価格の査定

近隣地域の状況欄に掲げた地域要因を備え、幅員約 9 ｍの舗装町道に沿い、一画地の規模が3,000㎡程度の保養施設の敷地の価格を、下記 a の価格との均衡に留意の上、b の価格を比較検討して18,000円／㎡と査定した。

　a．都道府県の基準地価格をもとに求めた価格

　　　17,800円／㎡（詳細は省略）

　b．取引事例比較法を適用して求めた価格

　　　17,800円／㎡〜 18,200円／㎡（詳細は省略）

2．対象不動産の価格

対象不動産には、標準的な画地と比べて次の増減価要因があるため、これをもとに格差修正を行って、次のとおり対象地の価格を査定した。

○増価要因

　温泉の引湯が可能である　＋ 5 ％

　（根拠）当該地域において、貸温泉使用権は土地に付着した権利として一体として取引の対象となるのが通常で、当該権利の市場相場の土地価格に占める割合及び温泉の引込みが可能なことによる市場性等を総合的に考量

○減価要因

・規模が大きい　−10％

（根拠）総額が嵩むことにより市場性が劣る程度を考量

・全体的に起伏がある　−20％

（根拠）起伏があることによる利用効率の劣る程度を考量

○格差修正率

（100％＋5％）×（100％－10％）×（100％－20％）＝75.6％

○対象不動産の価格

(標準価格)　　　　(格差修正率)　　　　　(単価)
18,000円／㎡ 　×　　75.6% 　　≒　13,600円／㎡

(単価)　　　　　(評価数量)　　　　(土地価格)
13,600円／㎡ 　×　 8,690㎡ 　　≒　118,000,000円

チェックポイント

1. 一概に温泉権といっても、その概念は必ずしも統一されていないことに留意が必要です。

2. 湯口権は物権的な性格を、引湯権（分湯権）は債権的な性格を有します。呼称が似ていても、内容や経済的な価値が大きく異なります。

3. 湯口権は温泉を汲み上げる権利を指しています。これに対して、引湯権は源泉から温泉を引き込む権利を指しています。また、引湯権を有する人からお湯を分けてもらう権利が分湯権です。

4. 引湯権（温泉使用権）は土地に付着した権利として、土地とともに移転するのが通常ですが、個々の取扱いに関しては契約内容を十分に確認した上で判断することが必要です。

第 **6** 章

場所的利益と
その価格

1 場所的利益とは

Q 借地上の建物の時価が問題となる場合、場所的利益という言葉がしばしば登場します。しかし、法律の条文や不動産鑑定評価基準にはこれに関する定義や規定はありません。場所的利益とは何を意味するのでしょうか。

A 場所的利益とは判例が生み出した概念であり、明確な定義がないのが実情です。多くの場合、借地権者が借地権設定者（賃貸人）に対して建物買取請求権を行使した際に、賃貸人から借地権者に対してなされる補償的な意味合いを有します。

解説

1 場所的利益が問題とされるケース

　建物の時価との関係で場所的利益が問題とされるケースとしては、借地借家法第13条及び第14条（旧借地法では第10条）に規定する建物買取請求権が成立する場合が典型例としてあげられており、本書でもこれを対象として取り上げます。

　ちなみに、借地借家法第13条第1項では、借地権の存続期間が満了した場合において、契約の更新がないときは、借地権者は、借地権設定者（賃貸人）に対し、建物その他借地権者が権原により土地に附属させた物を時価で買取るべきことを請求することができるとしています。

　また、同法第14条では、第三者が賃借権の目的である土地の上の建物

その他借地権者が権原によって土地に附属させた物を取得した場合において、借地権設定者が賃借権の譲渡または転貸を承諾しないときは、その第三者は、借地権設定者に対し、建物その他借地権者が権原によって土地に附属させた物を時価で買取るべきことを請求することができるとしています。

　いずれにしても、建物所有者の資本回収と建物保護に対する経済的要請という考え方が背景にあるものと推察されます。なお、建物買取請求権は一方的意思表示で効果が生じる形成権であり、その行使と同時に建物の所有権は借地権設定者に移転するものとされています。

② 場所的利益とは

　建物買取請求権の行使は、借地権の消滅を前提としていることから、その時点における建物の時価には借地権価格は含まれないというのが判例・学説ともに一致した考え方となっています。そのため、この考え方に基づけば、借地権者が建物買取請求権を行使することにより、長年にわたり累積されてきた借地権者に帰属する経済的利益が一度に消滅するという結果を招くともいえます。

　場所的環境を扱った最高裁昭和35年12月20日判決（民集第14巻14号3130頁。ここでは場所的利益ではなく、場所的環境という言葉が使用されている）では、借地法第10条にいう建物の時価には当該敷地の借地権そのものの価格は加算すべきではないが、建物の存在する場所的環境については参酌すべきであるとして、建物自体の価格のほかに場所的利益相当額を加算しています。

　また、この考え方が、その後の最高裁昭和47年5月23日判決（集民第106号87頁）においても踏襲されており、建物買取請求権が行使された場合における建物の買取価格については、建物自体の価格のほか、建物及びその敷地、所在位置、周辺土地に関する諸般の事情を総合的に考慮する旨判示されています。

　ただし、これらの判例に共通することは、場所的環境とは何かが明確に定義されていないことです。最高裁判例には、場所的利益という言葉は登場しません。すなわち、場所的環境とは借地権価格でもなく、建物価格でもなく、他の財産権との関係もあいまいで、結局は抽象的なままに、建物価格に場所的環境が参酌されるとしか言い様がないのであろうとの指摘も見受けられます（永井ユタカ「使用借権の財産的価値の立証―主として「土地」の使用借権の財産的価値―」『立命館法学』2013年1号）。

　そのため、この解釈をめぐっては法学者をはじめ実務家からも様々な説が唱えられていますが、不動産の評価に携わる方にとっては、次のとらえ方が実務的に参考になると思われます。

　建物買取請求権が行使された場合、借地権は存在しないため、建物自体の価格に借地権価格を加えるのは理論的にはおかしいということになる。しかし、更新が拒絶されるまでは借地権は有効に存在しており、相当高額な借地権価格が発生していたため、正当事由の存在等は借地関係を終了させる事由であっても、借地人の既存の財産権を侵害してもよいということにはならない。したがって、この場所的利益とは、借地権が存在する場合の借地権価格から借地借家法によって保護されていた法的保護利益相当分を控除したものと考えるべきである。

［出典］澤野順彦『不動産評価の法律実務』住宅新報社、1996年11月を要約

　地主側に借地更新を拒絶する「正当事由」があったにせよ、また借地権の無断譲渡、転貸ということがあったにせよ、建物だけの価額を支払っただけで、経済的価値の相当に大きい借地権を無償で取り上げてしまうのは、やはりあまりに残酷でないか、ある程度のものは補償してあげるのが世間の常識であろうし、人情としてももっともなところではないかという、いわば苦しまぎれに考え出したのが、この「場所的利益」というものではないかということである。

［出典］鵜野和夫『不動産の評価　権利調整と税務』清文社、2021年10月改訂

チェックポイント

1. 場所的環境（≒場所的利益）という言葉の源泉は、最高裁判例によります。その定義は明確ではありませんが、建物買取請求権が行使される場合、建物価格に加算される借地権者に帰属する経済的利益相当額の意味合いで使われています。

2. 建物買取請求権が行使されれば、借地権そのものが消滅しますが、場所的環境（≒場所的利益）とは消滅する利益の一部を補償するものと考えることもできます。

2 場所的環境（場所的利益）を認めた代表的な判例

Q 場所的環境（場所的利益）を認めた代表的な判例として、どのようなものがありますか。

A 場所的環境（場所的利益）の概念が最初に登場したのは最高裁昭和35年12月20日判決であり、その後の判決はこれを踏襲しています。

解説

前項で紹介した2つの判例について、その概要を掲げます（下線は筆者による）。

1 最高裁昭和35年12月20日判決

【要旨】

借地法10条にいう建物の「時価」とは、建物を取毀った場合の動産としての価格ではなく、建物が現存するままの状態における価格である。そして、この場合の建物が現存するままの状態における価格には、該建物の敷地の借地権そのものの価格は加算すべきでないが、該建物の存在する場所的環境については参酌すべきである。けだし、特定の建物が特定の場所に存在するということは、建物の存在自体から該建物の所有者が享受する事実上の利益であり、また建物の存在する場所

的環境を考慮に入れて該建物の取引を行うことは一般取引における通念であるからである。されば原判決において建物の存在する環境によって異なる場所的価値はこれを含まず、従って建物がへんぴな所にあるとまた繁華な所にあるとを問わず、その場所の如何によって価格を異にしないものと解するのが相当であると判示しているのは、借地法10条にいう建物の「時価」についての解釈を誤ったものといわなければならない。しかし、原判決を熟読玩味すれば、原判決において判定した本件建物の時価は、建物が現存する状態における建物自体の価格を算定しており、本件建物の存在する場所的環境が自ら考慮に入れられていることを看取するに難くないから、原判決における上記瑕疵は結局判決に影響を及ぼすものでないといわなければならない。

[出典] 最高裁昭和35年12月20日判決民集第14巻14号3130頁

　ここでは、借地法第10条にいう時価とは、建物を取毀った場合の動産としての価格ではなく、建物が現存するままの状態における価格であるとしています。また、特定の建物が特定の場所に存在するということは、建物の存在自体から当該建物の所有者が享受する事実上の利益であり、また建物の存在する場所的環境を考慮に入れて当該建物の取引を行うことは一般取引における通念であるとしている点が特徴的です。そして、このことが、建物の時価のなかに本件建物の存在する場所的環境による利益を考慮に入れた根拠ともなっていると考えられます。

　なお、「特定の建物が特定の場所に存在する」ということは、不動産鑑定評価基準にいう不動産の特性（自然的特性としての「地理的位置の固定性」、「不動性（非移動性）」）に該当します。そして、その土地ならではの建物の存在意義を見い出し、場所的な利益を生ずる源泉ともなっている点に共通性があります。

2 最高裁昭和47年 5 月23日判決

【要旨】

　借地法10条による建物買取請求権が行使された場合における建物の買取価格は、建物が現存するままの状態における価格であり、その算定には、建物の敷地の借地権そのものの価格は加算すべきではないが、建物の存在する場所的環境を参酌すべきものである（最高裁昭和34年（オ）第730号・同35年12月20日第三小法廷判決、民集14巻14号3130頁参照）。

　ところで、このような場所的環境を参酌した建物の価格は、所論のように、敷地の借地権の価格に対する一定の割合をもつて一律に示されるものではなく、また、所論の収益還元法に依拠してのみ定めるべきものでもなく、要するに、建物自体の価格のほか、建物およびその敷地、その所在位置、周辺土地に関する諸般の事情を総合考察することにより、建物が現存する状態における買取価格を定めなければならないものと解するのを相当とする。

　これを本件についてみるに、原判決は、上告人が建物買取請求をした昭和40年 5 月 1 日現在における物理的な本件建物自体の価格が40万5,000円ないし45万9,000円であることのほか、これに加えて、その所在場所の交通の便、周辺土地の利用状況、本件建物および敷地の使用目的、面積、ならびに過去における取引価格など、適法に認定した諸般の事情を総合して、右の日現在における本件建物の価格は130万円をもつて相当とする旨判断しているのであつて、右価格は、場所的環境を参酌した本件建物の価格として相当なものということができる。原判決は、所論のように、昭和33年 2 月28日当時の取引価格のみをもつてただちに右買取請求時における本件建物の適正価格と認定したも

のではないから、この点に関する論旨は、原判決を正解しないものであり、また、原判決が所論の各鑑定の結果を排斥した判断も、前示のところに照らし、正当として是認することができる。

［出典］最高裁昭和47年5月23日判決集民第106号87頁

ここでは、場所的環境を参酌した建物の価格は敷地の借地権の価格に対する一定の割合をもって一律に示されるものではないとしつつも、実質的には借地権価格の一部を建物買取価格に含めているとみなすこともできそうです。

チェックポイント

1. 最高裁昭和35年12月20日判決では、「特定の建物が特定の場所に存在する」という考え方に不動産鑑定評価基準との接点を見い出せます。
2. 最高裁昭和47年5月23日判決では、場所的環境という概念が実質的には借地権価格の一部を建物買取価格に含めているという色彩がより強く表れているように思われます。

3 場所的利益と借地権価格との関係

Q 場所的利益と借地権価格は、どのような関係にありますか。

A 場所的利益は借地権価格そのものではありません。しかし、借地権価格の一定割合を目安に算定されているケースも見受けられます。

解　説

1 場所的利益と借地権価格との関係

　すでに紹介した判例（最高裁昭和35年12月20日判決及び最高裁昭和47年5月23日判決）のなかでも述べられていますが、場所的利益とは借地権価格そのものではありません。なぜなら、建物買取請求権が行使された時点で借地権は消滅し、借地権価格もその存立基礎を失うからです。ただし、場所的利益として認定された金額を結果的にみると、実質的には借地権価格の一部を建物買取価格に含めたものであると考えることも可能です。

　このように、結果だけを単純にとらえれば、

場所的利益 ＝ 借地権価格 × 一定割合

という算式で表せそうですが、場所的利益という概念自体、法的根拠や借地権価格との関連が明確にされているわけではありません。これをあえて根拠付けるとすれば、借地権者が長年その土地を使用収益してきたという実態を重視して、借地権価格のうちから一定割合（場所的利益相当分）の価値を認めるという考え方に行き着くのではないでしょうか。

2 競売不動産の評価と場所的利益

前記のとおり、場所的利益は明確な形ではとらえにくいのですが、競売不動産の評価では想定されるいくつかのケースを類型化し、その評価方法を定めています。

そのうち、本章で取り上げている建物買取請求権が成立する場合には、場所的利益は借地権価格の20%〜30%を標準とするとしています。その背景にある考え方は、以下のとおりです（下線は筆者による）。

> 敷地に建物が現存しているが、借地権、法定地上権等の土地利用権がない場合、使用借権、一時使用のように土地利用権はあるが対抗力がない場合等、建物が敷地を事実上占有していることについて、経済価値（経済的利益）を認め、建物価格に加算又は土地価格から減価する場合に、「場所的利益」の概念が問題となる。
>
> 「場所的利益」は、「収去されない利益」、「敷地占有利益」とも称されるが、ここにいう「場所的利益」は、いわば建物が撤去されにくいという（建物収去の困難性）事実状態について何らかの価値を認めるものである。
>
> 「場所的利益」の評価においては、法律的な権利性を考慮した価格もさることながら、競売市場で成立するであろう市場実態に即応した経済価値の判定が重要である。
>
> ［出典］東京競売不動産評価事務研究会編「競売不動産評価マニュアル（第3版）」『別冊判例タイムズ』判例タイムズ社、2011年3月

また、当初存在していた土地利用権が消滅した場合（典型的な場合として「建物収去土地明渡を命ずる判決が確定したとき」）、「場所的利益」については建付地価格の0％から10％を建物価格に加算するとしています。

以上で述べた方法は競売評価の場合ですが、場所的利益の評価に関しては他に明確な指標が存在しないため、具体的な一例として参考になります。

チェックポイント

1. 場所的利益とは、借地権価格そのものではありません。

2. 「場所的利益 ＝ 借地権価格 × 一定割合」という算式に置き換えられたとしても、場所的利益という概念に法的根拠はなく、借地権価格との関連も明確にされていません。

3. 場所的利益という概念は、借地権者が長年その土地を使用収益してきたという実態を重視しているものと推察されます。

4. 競売評価では、建物が撤去されにくいという事実状態に着目して何らかの価値を認め、これを場所的利益としてとらえています。

4 判例における
場所的利益の算定方法

Q 判例では、場所的利益をどのような方法で算定していますか。

A 最高裁判決によっても場所的利益の具体的な算定式は示されておらず、以下のとおり、個別に判定されている傾向にあります。

解説

1 場所的利益の算定方法

　前項では、最高裁判所の判例における場所的利益の考え方を取り上げましたが、下級審判例を含めて、実際にはどのような計算式で場所的利益を計算しているのでしょうか。ちなみに、最高裁昭和35年12月20日判決及び最高裁昭和47年5月23日判決のなかには、具体的な算定根拠は示されていません。そこで、場所的利益とその算定方法の関係を示唆する裁判例について、ヒントになるものを例示します。

（1）大阪地裁昭和39年2月3日判決（判時第367号39頁）

　本判決では、建物等の「時価」は借地権価格を含まず、場所的利益を参酌した価格であるとしています。そして、本判決は場所的利益を一律に更地価格の15%とする鑑定人の評価方法を否定している点に留意が必要です。

（2）大阪高裁昭和40年2月4日判決（判時第405号27頁）

　本判決では、場所的利益を建付地価格の15%と算定する方法を是認してい

ます。 場所的利益は建物自体の価値以外に特に価値を有する場合に是認される ものであり、 その本質を土地利用価値であるとしている点に特徴があります。

（３） 東京地裁平成 3 年 6 月20日判決 （判時第1413号69頁）

　本判決は、 場所的環境をどのように参酌すべきかは見解が分かれるとした上 で、 建物自体の価格に加算すべき価格として更地価格の12％を相当としてい ます。 理由として、 本件は借家人付の建物であり、 しかも現行の建物賃料は かなり低廉であって、 借家人側の経済的状況に鑑みると賃貸用建物としても十 分な経済的活用を図るには、 種々の困難が予想されること等をあげています。

（４） 東京高裁平成 8 年 7 月31日判決 （判時第1578号60頁）

　本判決も、 土地価格の割合方式 （基礎価格×10％） を採用していますが、 その考え方は、 所在場所、 特に近隣の商店の閉鎖等付近が寂れつつある 状況、 その他本件に現れた一切の状況を考慮する最高裁昭和47年 5 月23 日判決の立場である総合考慮説を踏襲しています。

　したがって、 土地価格の割合方式を採用したのは単なる評価便宜上の問 題であって、 あくまでも場所的利益は借地権価格ひいては土地所有権価格 に内包されるものではなく、 建物に随伴する利益ということになります （松田 佳久 『新版 判例と不動産鑑定』 プログレス、 2021年 2 月）。

（５） 東京地裁平成30年 3 月29日判決 （LEX ／ DB25553781）

　本判決では、 建物の場所的利益を更地価格の10％相当額とした鑑定人の 評価額が採用されました。 ここで留意すべき点は、 本判決でも、 （４） の 判決と同様にあくまでも場所的利益は借地権価格ひいては土地所有権価格 に内包されるものではなく、 建物に随伴する利益であるとしている点です。

　以上、 裁判例による場所的利益の算定方法を分析してきましたが、 総じ

ていえることは、建物買取請求権の対象となる建物の「時価」は、建物自体の価格（積算価格）に場所的利益を考慮して求められるということです。ただし、この金額の算定方法は様々です。

建物買取請求権の買取価格 ＝ 建物自体の価格 ＋ 場所的利益

そして、場所的利益の算出方法は、最高裁昭和47年5月23日判決の立場である総合考慮説が現在まで踏襲され、建物及びその敷地、所在位置、周辺土地に関する諸般の事情を総合考慮して算出するものとされています。なお、算出方法としては、東京高裁平成8年7月31日判決のように下級審は便宜上割合方式を採用していますが、この方式は最高裁昭和47年5月23日判決によって否定された方式であり、最高裁レベルで承認されるべき算出方法であるかは疑問であるとの指摘があります（松田佳久『新版 判例と不動産鑑定』プログレス、2021年2月）。

2 場所的利益に関する留意点

以上のとおり、裁判例によっても場所的利益を具体的な金額として算出する方法は確立しておらず、現時点では統一的・具体的な計算方法はないというのが実情です。つまり、場所的利益という概念はあいまいな要素を多分に含んでいるといえますが、その反面、判例・学説や実務においても、これが是認された事実として扱われている点に留意が必要です。

チェックポイント
1. 最高裁判決でも、場所的利益の具体的な算定式は示されていませんが、実務においても場所的利益は認知されている傾向にあります。
2. 下級審のなかには場所的利益の具体的な算定式を示したものもありますが、それは評価便宜上の問題であって、あくまでも場所的利益を借地権価格と連動させて考慮しているものではありません。

第 **7** 章

土地利用権と
表裏一体となる権利

1 普通借地権の付着した土地（底地）とその価格

Q 普通借地権の付着した土地（底地）を第三者が買取る場合（旧借地法の時期に締結された土地賃貸借契約が前提）には、どのような方法で評価すればよいでしょうか。

A 普通借地権の付着した土地（底地）を第三者が買取る場合、買取後の利用上の制約を考慮して評価する必要があります。

解 説

1 普通借地権の付着した土地（底地）の評価例

　ここでは、普通借地権の付着した土地（底地）について評価した例を解説します。

【具体例】

（1）対象不動産の表示

　東京都○○区○○5丁目20番35　宅地　登記簿面積380.00㎡

（2）価格時点

　令和○○年○月1日

（3）鑑定評価の依頼目的

　売買の参考

（4）価格の種類

　正常価格

（5）対象不動産の確認

A．物的確認

　　　対象地の登記事項証明書、公図写し、地積測量図、令和○○年度固定資産課税証明書等の資料により一致を確認しています（詳細省略）。

　　　なお、評価上採用した契約数量と登記簿数量とは一致しています。

B．権利の態様の確認

①　契約の目的

　　非堅固建物の所有を目的とする土地賃借権の付着した土地（底地）の所有権

②　確認に用いた資料

　　土地賃貸借契約書（原契約及びその後の更新契約を含める）、建物登記事項証明書、賃料改定に関する覚書、立会者の口頭説明

③　賃貸借の当事者

　　　賃貸人：甲株式会社

　　　賃借人：乙氏（個人）

④　契約数量

　　380.00㎡

⑤　契約の経緯

　　昭和○○年○月1日付で非堅固建物の所有を目的とする土地賃貸借契約が締結されました（期間は20年）。その間の昭和○○年12月10日に現賃借人が相続により原契約を継承し、その後二度にわたる更新がなされています。以降、何回かの賃料改定を経て現在に至っています。

⑥　契約期間（更新後）

　　平成○○年○月1日から20年間。

⑦　月額支払賃料

　　現行　月額90,000円

⑧　一時金の有無と名称

原契約締結時における権利金の授受は不明です。

更新料は、一回目の更新時に1,800,000円、二回目の更新時に2,500,000円が賃借人から賃貸人に支払われています。

⑨　特約

第三者への土地賃借権の無断譲渡及び無断転貸の禁止特約が付されています。

（6）近隣地域の状況

近隣地域は店舗付共同住宅が建ち並ぶ地域ですが、繁華性はやや劣っています。公法上の規制は、近隣商業地域、準防火地域、指定建蔽率60％、指定容積率200％とされています（その他は省略）。

（7）近隣地域における借地権及び底地価格の形成要因

①　借地権取引の慣行の有無とその程度

近隣地域における借地権の取引慣行は成熟しており、借地権取引は建物の取引に随伴して発生するのが一般的です。

また、第三者間取引における借地権割合は、非堅固建物の所有を目的とするもので更地価格の60％～70％程度であり、底地は当事者間取引が多いといえます。

②　借地権取引の態様

借地権の価格は自然発生的なものが大部分で、非堅固建物の所有を目的とする賃借権が多く、契約は書面によるものが多いといえます。また、借地権取引は賃貸借の当事者間のみならず、第三者を対象としたものもあります。

なお、更新料、建替承諾料、借地条件変更承諾料等の一時金の授受はほぼ慣行化しており、借地権の名義書換料は一般に売主負担となっています。

（8）対象不動産の状況

①　土地

　　近隣地域の標準的な画地と比較して格別の増減価要因は見受けられ
ない整形な土地を想定しているため、記載は省略します。

②　建物

　　対象地上には4棟の居宅があり、その状況は以下のとおりです。

　1）建築時期　　昭和○○年2月頃（4棟とも）

　2）構造　　　　木造瓦葺平家建（同上）

　3）用途　　　　居宅

　4）規模　　　　4棟とも各々85.00㎡

　5）建物の状況　建築後40年以上が経過しており、老朽化がみられ
　　　　　　　　　ますが、維持管理は通常に行われています。

（9）評価

　底地の価格は、借地権の付着している宅地について、借地権の価格との
相互関連において借地権設定者に帰属する経済的利益を貨幣額で表示した
ものです。これは、底地の価格が地代徴収権に相応する価格を中心に、
将来期待される更新料、借地条件変更承諾料、名義書換料等の一時金なら
びに将来借地権を併合して一体化することにより完全所有権に復帰する期待
を加味して形成されていることに起因しています。

　不動産鑑定評価基準では、底地の鑑定評価額は、実際支払賃料に基づ
く純収益等の現在価値の総和を求めることにより得た収益価格及び比準価格
を関連づけて決定する旨規定しています。

　そのため、本件評価に当たり、近隣地域及び同一需給圏内の類似地域に
おける底地の取引事例を調査しましたが、借地契約の当事者間における特
殊な事情を含んだものを除き、最近の取引事例を収集することは困難でし
た。よって、本件においては比準価格を求める手法に替え、更地価格から
借地権価格を控除して底地価格を求める手法を適用することとしました。こ
れは、底地の価格が、将来借地権を併合して一体化することにより完全所有

権に復帰する期待を加味して形成されているという側面に着目したものです。

　ただし、底地は単独では市場性が乏しく、更地価格から借地権価格を控除した価格がそのまま底地の正常価格に結びつくとは限らないため、正常価格を求めるに当たっては、この控除計算の結果に対して市場性減価を考慮する必要があります。

①　更地価格から借地権価格を控除して求めた価格

１）借地権価格の基礎となる更地価格

　　取引事例比較法による比準価格及び収益還元法（土地残余法）による収益価格を求め、これを調整の上、借地権価格の基礎となる更地価格を85,000,000円（224,000円／㎡）と査定しました（過程は省略）。

２）第三者を取引対象とする借地権価格

　　以下の手法の適用結果を比較検討し、対象地の借地権価格を更地価格の60％相当額の51,000,000円と査定しました。詳細は省略しますが、近隣地域における慣行的借地権割合を重視して査定を行ったものです。

　a. 借地権及び借地権を含む複合不動産の取引事例に基づく比準価格

　b. 借地権の設定契約に基づく賃料差額のうち取引の対象となっている部分を還元して得た価格

　c. 借地権取引が慣行として成熟している場合における当該地域の借地権割合（60％）により求めた価格

３）更地価格から借地権価格を控除して求めた価格

　　上記１）で求めた更地価格から２）の借地権価格を控除した価格は、以下のとおり34,000,000円と査定されます。

　　（更地価格）　　　　（借地権価格）
　85,000,000円　　－　51,000,000円　＝　34,000,000円

②　収益還元法による底地の収益価格

対象地にかかる実際支払賃料から必要諸経費を控除して得た純収益を還元利回りで還元し、底地の収益価格を以下のとおり19,000,000円と査定しました。

a. 実際支払賃料　1,080,000円／年（月額地代90,000×12月）

b. 必要諸経費　131,700円／年（固定資産税・都市計画税）(実額)

c. 純収益（a−b）　948,300円

d. 還元利回り　5％（底地の特性を織り込み）

e. 底地の収益価格（c÷d）　19,000,000円（≒948,300円÷5％）

③　試算価格の調整と鑑定評価額の決定

以上のとおり、

A　更地価格から借地権価格を控除して求めた価格　34,000,000円

B　収益還元法による収益価格　　　　　　　　　　19,000,000円

という結果が得られましたが、大幅な開差が生じました。

Aの価格は完全所有権の価格から借地権価格を控除して求めたものですが、底地を単独で取引対象とする場合（＝第三者に底地のみを譲渡する）の市場性の減退は考慮されていません。

この方式により試算した場合、試算上は更地価格から借地権価格を控除した残余の部分が底地の価格となるはずですが、実際には借地権が付着していることにより土地所有者が自ら使用できない等の理由から市場性や担保価値が減退し、これに相応する減価要因が発生します。

本件においては、その減価分を地元精通者への聴取等により20％と査定し、市場性修正後の底地価格を

　　　34,000,000円×（100％−20％）＝27,200,000円

と試算しました。

次に、Bの価格は不動産の収益性の観点から対象不動産の経済価値を把握したものであり、対象不動産が将来生み出すであろうと期待される純収益の現在価値の総和を求めたものです。

　本件試算価格の調整においては、これらの手法の特徴を相互に比較検討の上、本件が第三者間での取引を前提とした正常価格の評価であることからBの価格を重視するとともに、将来の建替時に期待される一時金の授受の可能性も加味して、鑑定評価額を20,000,000円と決定しました。

2 底地評価の考え方

　平成 4 年 8 月に施行された借地借家法の下では、新規に設定する借地権の類型として普通借地権（期間は建物の堅固・非堅固とは無関係に一律30年）と定期借地権の 2 種類のものが認められています。しかし、新しい借地借家法の下で普通借地権が設定された例は極めて少ないと思われます。したがって、底地評価の依頼案件も旧借地法に基づいたものが大半といえるのではないでしょうか。

　借地権の価格と底地の価格とは密接に関連しており、これらは表裏一体の関係にあります。このことは、不動産の価格が有する特徴（＝不動産の価格は、その不動産の所有権、賃借権等の権利の対価または経済的利益の対価であり、二つ以上の権利利益が同一の不動産の上に存する場合には、それぞれの権利利益について価格が形成され得ること）を借地関係に当てはめた結果です。このことを念頭に置けば、既出のように更地価格から借地権価格を控除して求めた価格を底地の試算価格の一つとして取り上げていることの根拠を見い出すことができます。

　ところで、底地の第三者間の取引は少なく、むしろ当事者間取引（借地人が底地を買取って完全所有権とするもの）の方が多いのが実情ですが、その際に求める価格は限定価格（特定の当事者間でのみ正常価格より割高な価格で取引しても合理性を有する価格）に該当します。正常価格を求める場合との大きな相違点として、借地人が底地を併合することにより、底地を単独で第三者に売却する際にみられる市場性の減退という現象が解消さ

れ、正常価格を上回る増分価値が生ずる点があげられます。

　ちなみに、底地の正常価格と限定価格の関係を表したものが**図表7-1**です。

図表7-1　底地の正常価格と限定価格との関係

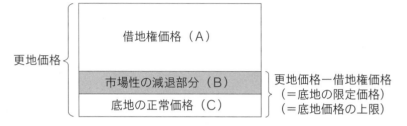

　借地権と底地をそれぞれ単独で評価した場合の合計額（A＋C）と更地価格の差（B）が市場性の減退部分に相当する額です。
　借地権者が底地を買取る場合、完全所有権の状態が実現して市場性の減退がなくなり、底地価格は（B）の分だけ割高となっても合理性があります。この場合、（C）ではなく（B）＋（C）で買っても採算が合います。

　図表7-1からもイメージされることですが、借地権と底地をそれぞれ別個にとらえた場合（底地を借地人以外の第三者に売却する場合もこれに該当する）の各々の価格の合計額は、必ずしも更地価格とはならないということです。

　その要因としては、次のことが考えられます。

① 　借地権の場合

　　借地条件により当該土地の最有効使用が実現されていない場合があり、担保価値の面においても完全所有権に比べて劣る面があること。

② 　底地について

　　借地権が付着していることによる市場性及び担保価値の減退が考えられること。

③ 　借地権及び底地の価格形成要因

　　借地権の価格及び底地の価格は、これらの不利益を反映して個別的に形成されること。

　前述のとおり、底地の価格は、借地権の付着している宅地について、借地権の価格との相互関連において借地権設定者に帰属する経済的利益を貨幣額で表示したものです。そして、借地権設定者に帰属する経済的利益とは、当該宅地の実際支払賃料から諸経費等を控除した部分の賃貸借等の期間に対応する経済的利益及びその期間の満了等によって復帰する経済的利益の現在価値をいいます（不動産鑑定評価基準各論第1章第1節I．3．(2)）。

　これに基づくと、借地権設定者に帰属する経済的利益とは、借地期間が有限で、期間満了後、借地権設定者に底地が確実に返還されると予想される場合には、期間満了等によって復帰する経済的利益の現在価値も織り込むものであるといえます。しかし、本件評価例のように、旧借地法の下で締結された建物所有を目的とする土地賃貸借で、しかも期間満了に伴う更新を繰り返してきた契約に「期間満了等によって復帰する経済的利益の現在価値」の概念を当てはめるのは現実性に欠けます。そのため、本件評価例においては、収益期間を永続的なものとみて、直接還元法（一期間の純収益を還元利回りで還元して収益価格を求める方法）を適用しています。

チェックポイント

1. 借地権の価格と底地の価格とは密接に関連しており、これらは表裏一体の関係にあります。

2. 底地を単独で借地人（借地権者）以外の第三者に売却する場合には、市場性の減退という現象がみられる点に留意が必要です。なぜなら、第三者は買取っても自ら使用できず、地代水準も安いことが多いからです。

3. 底地は誰もが買うというわけではない特殊な商品であることを知っておく必要があります。

2 事業用定期借地権の付着した土地（底地）とその価格

Q
- 事業用定期借地権の付着した土地（底地）を、契約期間の途中で賃借人（借地権者）が買取る場合には、どのような方法で評価すればよいでしょうか。
- 財産評価基本通達では、定期借地権の目的となっている宅地の価額をどのように評価していますか。

A
事業用定期借地権に限らず、借地権の付着した土地（底地）を賃借人（借地権者）が買取る場合は、前項の評価例とは別に、併合による価値の割増分を反映させて評価するのが通常です。なお、これとは別に、財産評価基本通達では、定期借地権等の残存期間に応じて一定割合を自用地価額から控除するなどの方法によって評価しています。

解説

1 底地を賃借人が買取る場合の評価の考え方

　事業用定期借地権においては、賃借人は契約期間全体にわたって地代を支払い、しかも期間満了後に建物を撤去の上、更地で返還することを前提に事業収支を試算し、採算が成り立つことを見極めた上で借地を行うのが通常です。借り手は、契約期間の途中で底地を取得することを見越して契約を締結するわけではありません。

　事業用定期借地権がこのような発想のもとに設定されている背景を鑑みれ

ば、事業用定期借地権の付着した土地（底地）を契約期間の途中で賃借人が買取るというケースはあまり想定し得ることではないといえます。

　しかし、なかには契約締結後の事情の変化により、契約期間の途中で賃借人側から底地の買取り要望が生ずることも考えられないわけではありません。筆者も、実際にこのようなケースに出会ったこともあります。以下、このようなケースを前提にどのような考え方を拠り所に底地の評価を行えばよいかについて、筆者の私案を述べます。

　定期借地権の場合、旧法における借地権のように慣行的な借地権割合はまだ形成されていません。このことを裏返せば、事業用定期借地権の付着した底地の評価を行う際に、更地価格から事業用定期借地権の価格割合相当額を控除した残りを底地の一つの試算価格とする方法も、現時点ではまだ成熟していないといえます。もっとも、このような方式で価格を求めた場合でも、その結果がストレートに底地の正常価格（＝賃借人以外の第三者が購入する価格）につながるとは限りません。

　そして、事業用定期借地権の付着した土地（底地）の評価を行う場合でも、付着している権利が定期借地権であることによる特別な手法はなく、不動産鑑定評価基準に規定されている底地一般の評価手法を適用することが実務上も受け容れやすいと思われます。

　前述したとおり、不動産鑑定評価基準では、底地の鑑定評価額は実際支払賃料に基づく純収益等の現在価値の総和を求めることにより得た収益価格及び比準価格を関連づけて決定するものとしています（不動産鑑定評価基準各論第 1 章第 1 節Ⅰ.3.(2)）。しかし、実際には事例収集が難しく、比準価格を求めることが困難なため、収益価格が最大の拠り所となります。また、底地を当該借地権者が買取る場合における底地の鑑定評価に当たっては、当該宅地または建物及びその敷地が同一所有者に帰属することによる市場性の回復等に即応する経済価値の増分が生ずる場合があることに留意すべきであるとしています（不動産鑑定評価基準各論第 1 章第 1 節Ⅰ.3.

（2））。 この場合、 底地とはいっても、 借地権者は第三者による利用上の制約のない完全所有権を取得するため、 求める価格は正常価格ではなく限定価格ということになります。

② 底地の評価例

　本件のような底地評価を行う場合、 旧借地法における借地権の付着した宅地の評価と比較して特徴的な点は、 契約の残存期間が有限で更新がないということです。 そのため、 純収益の算定期間は有限であり、 適用する収益還元法も直接還元法（純収益が永続する前提）ではなく、 DCF法（純収益は一定期間のみ継続する前提）ということになります。

【評価例】

１．対象地

　　○○県○○市○○町50番３他４筆　宅地　面積10,000㎡（幅員12mの市道に一面が接する）。 現在、 店舗兼事務所として利用されています。

２．価格時点

　　令和○年１月１日

３．価格の種類

　　限定価格（借地権者が借地権設定者（賃貸人）より事業用定期借地権の付着した土地（底地）を買取る際の合理的な価格を求める）

４．事業用定期借地権設定契約の内容

　　借地権設定者・借地権者間で、 堅固建物所有を目的とする事業用定期借地権設定契約が取り交わされ、 公正証書が作成されています。

　　契約期間は、 平成○○年１月１日から平成○○年（令和○○年）12月31日までの20年間であり、 価格時点まで10年を経過しています。 借地権設定者（賃貸人）は個人、 借地権者（賃借人）は法人で、 保証金として

60,000,000円が契約締結時に授受され、 月額支払賃料は次のとおりです。

   a. 当初（平成○○年 1 月 1 日から平成△△年12月31日まで）

     月額5,000,000円

   b. 平成△△年 1 月 1 日から平成□□年12月31日まで）

     月額4,800,000円

   c. 平成××年 1 月 1 日以降

     月額4,700,000円

  なお、 保証金の性格に関しては、 借地権者の契約上の債務を担保することが目的である旨が明記されています。 契約期間満了後の建物撤去の実施を担保する意味合いも含まれています。

5．近隣地域の状況

  近隣地域は比較的規模の大きい日用品店舗や中規模の事務所等が建ち並ぶ商業地域であり、 公法上の規制は第 2 種住居地域、 指定建蔽率60％、 指定容積率200％、 準防火地域に指定されています。

  道路の幅員は12mが標準で、 標準的な画地の規模は対象地と同じ10,000㎡程度です。 なお、 近隣地域の標準的使用は店舗兼事務所の敷地です（以下省略）。

6．対象地の最有効使用

  対象地の最有効使用は、 近隣地域の標準的使用と同じ店舗兼事務所の敷地です（以下省略）。

7．評価

（方針）

  本件は、 事業用定期借地権の付着した状態における底地の評価です。

  定期借地権は、 普通借地権と異なり、 契約期間が満了した時点で貸主の正当事由の有無にかかわらず確実に返還を受けることができる権利であるため、 底地の経済価値を求めるに当たっては、 契約の残存期間に得られるであろう純収益の現在価値の総和に、 期間満了時に復帰する土地の

復帰価格の現在価値を加えたものを標準とします。

　復帰価格の査定に当たっては、契約期間満了の翌年について予測される純収益を最終還元利回りで還元する方法によって売却価格を求めた後に、売却費用（仲介手数料）を控除するのが通常ですが、本件においては当事者間での直接取引を前提とするため、売却価格＝復帰価格としています。

　なお、この方法によって試算された底地の試算価格（価格時点における現在価値）が更地価格と比較してどのような関係にあるかを検証する作業が、底地価格決定の前に求められてきます。そのため、先に更地価格について記載した後に、底地の試算価格を求める過程を掲げていきます。

（適用結果）

（1）対象地の更地価格の査定

　①　近隣地域における標準的な画地の価格の査定

　　　近隣地域の状況欄に掲げた地域要因を備え、幅員12mの○○市道沿いで一画地の規模が10,000㎡程度の店舗兼事務所用地の標準価格を下記1）の価格との均衡に留意の上、2）及び3）の価格を比較検討して90,000円／㎡と査定しました。

　　1）公示価格を規準とした価格

　　　　90,000円／㎡（過程省略）

　　2）取引事例比較法を適用して求めた価格

　　　　89,000円／㎡～92,000円／㎡（過程省略）

　　3）収益還元法を適用して求めた価格

　　　　72,000円／㎡（過程省略）

　②　対象地の更地価格の査定

　　　①の標準的な画地と比べて対象地には格別の増減価要因はないことから、標準的な画地の価格をもって対象地の更地価格と査定しました。

1）対象地の単価

（標準的な画地の価格）　　　（格差率）　　　（対象地の単価）
90,000円／㎡　　×　　100%　　=　　90,000円／㎡

2）総額

単価に面積を乗じ、対象地の更地価格を900,000,000円と査定しました。

（対象地の単価）　　　　（数量）　　　　　（更地価格）
90,000円／㎡　×　10,000.00㎡　=　900,000,000円

（2）底地価格の試算

①　契約の残存期間に得られるであろう純収益の現在価値の総和に期間満了時に復帰する土地の復帰価格の現在価値を加えた価格

1）純収益の現在価値の総和

借地契約の残存期間に対応する年々の正味純収益（地代から固定資産税・都市計画税を差し引いたもの）の現在価値を、割引率（年）を5%※とした複利現価率を乗じて求めれば、**図表7-2**のとおり376,036円となります。

※　事業用定期借地権の付着している土地（底地）の場合、契約期間が満了すれば貸主の正当事由の有無に関係なく更地返還を受けられることを法が保証し、仮に借主が土地を返還しない場合には、貸主は預託されている保証金で原状回復を行うことも可能となります。評価例における保証金も、建物撤去を含めた借地人の債務の履行を担保する目的もあり、当初地代の12ヶ月分に相当し、高額なものとなっています。
　以上の事業用定期借地権の特徴を踏まえ、本件においては基本的な割引率を適用しています。

なお、価格時点における経済状況から判断し、地代の将来予測を行うためには不安定要素が多いため、年々の純収益は横ばい（総費用も同様）と査定しました。

2）期間満了時に復帰する土地の復帰価格の現在価値

期間満了時に復帰する土地の復帰価格を**図表7-2**のとおり、期間満

了時の翌期の純収益（48,700千円）を最終還元利回り（5.2%）で還元することにより、936,500千円と求めました。これに割引期間（10年）に対応する複利現価率（0.6139）を乗じて、復帰価格の現在価値を574,917千円と査定しました。

図表7-2　底地の収益価格査定表

残存契約期間	(A) 千円[※1] 賃料総収益（年額）	(B) 千円 公租公課（年額）固定資産税・都市計画税	(C) 千円 正味純収益（年額）	(D)[※2] 複利現価率	(C)×(D) 千円 正味純収益の現在価値（年額）
10年	57,000	8,300	48,700	0.9524	46,382
9 年	57,000	8,300	48,700	0.9070	44,171
8 年	57,000	8,300	48,700	0.8638	42,067
7 年	57,000	8,300	48,700	0.8227	40,065
6 年	57,000	8,300	48,700	0.7835	38,156
5 年	57,000	8,300	48,700	0.7462	36,340
4 年	57,000	8,300	48,700	0.7106	34,606
3 年	57,000	8,300	48,700	0.6768	32,960
2 年	57,000	8,300	48,700	0.6446	31,392
1 年	57,000	8,300	48,700	0.6139	29,897
小計	570,000	83,000	487,000		376,036
復帰価格[※3]	936,500	－	936,500	0.6139	574,917
現在価値合計	－	－	－	－	950,953 ≒951,000千円

（※1）月額賃料4,700千円×12月＋保証金の運用益（60,000千円×1％／年）＝57,000千円
（※2）基本割引率を5％を前提とする複利現価率
（※3）復帰価格
　　　最終還元利回り：5.2%
　　　　48,700千円÷5.2%≒936,500千円

3）底地価格

　1）の結果と2）の結果との合計額は951,000,000円と求められ、底地価格は951,000,000円と試算されました。

　（現在価値の合計額）

純収益の現在価値	376,036,000円
復帰価格の現在価値	574,917,000円
合計	950,953,000円≒951,000,000円

　これと前記（1）の更地価格を比較すれば、

（底地の試算価格）　　（更地価格）
951,000,000円　＞　900,000,000円

となり、計算上は底地の試算価格が更地価格を超える結果が得られました。これは、本件評価にかかる底地の収益力が相対的に高いことを反映したものと思われます。

　旧借地権の場合、現在では底地の収益性は土地価格（更地価格）に比べて著しく低いものとなっています。そのため、底地に帰属する純収益を求め、これをもとに底地の収益価格を試算してみても、更地価格に比較して低い結果しか得られないケースがほとんどでしょう。これに比べ、事業用定期借地権の場合、一般に供給されている事例から判断し、その地代利回りは従来からの借地契約と比べて相対的に高いものが多く見受けられます。

　本件評価において、「底地の試算価格　＞　更地価格」という結果が生じたのも、事業用定期借地権の有するこれらの特徴が反映されたものと考えます。

　しかし、借地権価格と底地価格の合計額は更地価格を超えるものではなく（更地価格　≧　借地権価格　＋　底地価格）、加えて、本件評価は借地権者が底地を買取る際の限定価格を求めることを前提としています。そのため、底地の正常価格を求める際に考慮する借地権設定者（賃貸人）の使用上の制約による市場性の減退は生じないことから、本件評価においては底地価格を更地価格と同額の900,000,000円と決定しました。

3 財産評価基本通達における評価方法

　財産評価基本通達における底地の評価割合は、相続税申告のため、本来の価値評価とは別の視点から定められています。

財産評価基本通達

（貸宅地の評価）

25　宅地の上に存する権利の目的となっている宅地の評価は、次に掲げる区分に従い、それぞれ次に掲げるところによる。（昭41直資3-19・平3課評2-4外・平6課評2-2外・平14課評2-2外・平16課評2-7外・平17課評2-11外・平29課評2-46外改正）

（1）　（略）

（2）定期借地権等の目的となっている宅地の価額は、原則として、その宅地の自用地としての価額から、27-2（（定期借地権等の評価））の定めにより評価したその定期借地権等の価額を控除した金額によって評価する。

　　　ただし、同項の定めにより評価した定期借地権等の価額が、その宅地の自用地としての価額に次に掲げる定期借地権等の残存期間に応じる割合を乗じて計算した金額を下回る場合には、その宅地の自用地としての価額からその価額に次に掲げる割合を乗じて計算した金額を控除した金額によって評価する。

　　イ　残存期間が5年以下のもの　　100分の5

　　ロ　残存期間が5年を超え10年以下のもの　　100分の10

　　ハ　残存期間が10年を超え15年以下のもの　　100分の15

　　ニ　残存期間が15年を超えるもの　　100分の20

（3）～（5）　（略）

　本通達に示されている後段の考え方、すなわち、本通達27-2の定めにより評価した定期借地権の価額が「自用地価額 × 定期借地権の残存期間に応じた一定割合」の算式で求めた金額より低い場合には、「　」内の算式によって求めた金額を自用地価額から控除して底地価額を評価するという考え方は、底地所有者の土地利用上の制約に配慮したためであると推察されます。このような方法は、建物譲渡特約付定期借地権及び事業用定期借地権に適用され、一般定期借地権の場合には別の割合が適用されますが（個別通達「一般定期借地権の目的となっている宅地の評価に関する取扱いについて」）、本項では以下、事業用定期借地権を前提として述べていきます。

　上記のことは、事業用定期借地権の価額がゼロである場合を想定して考えれば分かりやすいでしょう。すなわち、その価額がゼロである場合、

　底地価額（100）＝ 自用地価額（100）－ 定期借地権の価額（０）

となり、計算上は底地価額と自用地価額とが同額となります。

　一方、定期借地権の残存期間が10年あるとし、（ロ）の方法で求めた金額を控除すれば、以下の算式となります。

$$底地価額 ＝ 自用地価額 － 自用地価額 \times \frac{10}{100}$$

$$＝ 自用地価額 \times 90\%$$

　したがって、仮に定期借地権の価額がゼロであっても、底地価額を評価する際には、土地所有者の利用上の制約を考慮して一定割合の減価を施すことになります。すなわち、更地価格に見合う合理的な利回りの地代が授受されており、借地権者に経済的な利益（借り得）が発生していない場合でも、底地が第三者間で取引されたときには、新しい所有者は対象地を自ら使用できないという制約を受けます。

　これらの背景には、底地の正常価格の鑑定評価における考え方と共通するものがあります。なぜなら、底地の正常価格を評価する際には、契約当事者間を除く第三者間取引を前提とした価格を求めることを前提としており、

その際、購入者の利用上の制約を考慮しなければならないからです。

　しかし、借地権者が底地を買取る場合の鑑定評価（＝当事者間取引を前提とする）では、借地権と底地が混同する結果、底地が完全所有権に復帰することによる市場性の回復（価値の増分）を織り込む必要が生じます。そこで求める価格は正常価格ではなく、限定価格となります。

　前述のとおり、事業用定期借地権及びその付着した土地（底地）の取引慣行は、現時点ではまだ形成されるには至っていません。そのため、底地評価に当たり、財産評価基本通達に定められた減価割合は、市場の状況を反映したものというよりも政策的要素（相続税申告時の評価額の減免等）を含んだ割合として受け止められている傾向が強いといえます。

　このように、事業用定期借地権の付着した土地（底地）の減価割合に関しては、少なくとも現時点では実証的なものはなく、どの程度の割合が妥当であるかについては明解な回答を引き出せないのが実情です。

チェックポイント

1. 事業用定期借地権の付着した土地（底地）の鑑定評価に当たっては、底地の収益性に着目して求める収益還元法（DCF法、契約の残存期間をもとに純収益を有期のものとして把握）が中心となります。

2. 底地の利回りが高く、計算上は、「底地の試算価格　＞　更地価格」という結果が求められても、借地権価格と底地価格の合計額は更地価格を超えるものではないことに留意が必要です（更地価格　≧　借地権価格　＋　底地価格）。

3. 事業用定期借地権及びその付着した土地（底地）の取引慣行は、現時点ではまだ形成されるには至っていません。

3-1 借家権価格（不動産鑑定評価基準における借家権の評価規定）

Q 不動産鑑定評価基準では、借家権の評価についてどのような規定を置いているのでしょうか。

不動産鑑定評価基準では、各論第1章第3節Ⅲで借家権の評価についての規定を置いていますが、実務上では補償的な要素が重視されている傾向にあります。

解説

1 借家権の定義

以下、不動産鑑定評価基準における借家権の評価に関連する箇所とその考え方を解説します。

●不動産鑑定評価基準

Ⅲ　借家権

　借家権とは、借地借家法（廃止前の借家法を含む。）が適用される建物の賃借権をいう。

（各論第1章第3節Ⅲ）

【考え方】

　不動産鑑定評価基準では、鑑定評価の対象となる借家権について、「借地借家法（廃止前の借家法を含む。）が適用される建物の賃借権をいう」と

定義しています。

　借地借家法は、 土地や建物の用途に関係なく適用されます。 すなわち、建物が居住用であれ、 事業用（事務所、 店舗、 工場、 倉庫等）であれ、すべての用途に対して借地借家法における借家の規定が適用されることとなります。

　土地の賃借権の場合、 その譲渡に関して賃貸人の承諾が得られないときは裁判所がこれに代わる許可を与えることのできる制度がありますが、 建物の賃借権の譲渡に関してはこのような制度は存在しません。 その意味で、借家権は借地権に比べ譲渡性が薄い（＝取引の対象となることが少ない）ものといえます。

　このような事情を反映しているためか、 現行の不動産鑑定評価基準では借地権の価格の定義は明確に行なっているものの、 借家権の価格については格別の規定を設けていません。 むしろ、 昭和44年当時の不動産鑑定評価基準に掲げられていた次の定義が平成２年の改正時に削除され、 そのまま現行の不動産鑑定評価基準に引き継がれてきていると考えた方がより正確かもしれません。

昭和44年当時における「借家権の価格」の定義（現行の不動産鑑定評価基準では削除）

　借家権の価格とは、 借家権の付着している建物について、 借家人に帰属する経済的利益（一時金の授受に基づくものを含む。）が発生している場合において慣行的に取引の対象となっている当該経済的利益の全部又は一部をいう。

　借家人に帰属する経済的利益とは、 建物（及びその敷地）の経済価値に即応した適正な賃料と実際支払賃料との乖離及びその乖離の持続する期間を基礎にして成り立つものをいう。

---

2 借家権の鑑定評価額を求める手法

　現行の不動産鑑定評価基準では、借家権の鑑定評価額を求める手法について、次のように規定しています（下線は筆者による）。

> ● 不動産鑑定評価基準
> 　借家権の取引慣行がある場合における借家権の鑑定評価額は、当事者間の個別的事情を考慮して求めた比準価格を標準とし、自用の建物及びその敷地の価格から貸家及びその敷地の価格を控除し、所要の調整を行って得た価格を比較考量して決定するものとする。借家権割合が求められる場合は、借家権割合により求めた価格をも比較考量するものとする。（以下省略）
>
> （各論第1章第3節Ⅲ）

【考え方】

　不動産鑑定評価基準では、借家権の鑑定評価額を求める手法を、①借家権の取引慣行がある場合、②賃貸人から建物の明渡しの要求を受け、立退く際に喪失する経済的利益等との関係からとらえる場合の2つの側面から規定しています。この規定は、①の場合についてのものです。

　すでに述べたとおり、借家権の取引慣行は未成熟な場合がほとんどであり、実際にその取引事例を収集できるケースは稀であると思われます。

　例えば、有償で借家権を取得してそこに居住（あるいは営業活動）をしようとする者は現実におらず、また、賃貸借終了時に借家権を有償で第三者に譲渡するという例を見かけることもありません。

　建物の賃貸借に伴って授受される敷金や保証金は借家権の対価ではなく、家賃不払いや契約の不履行に備えた担保としての意味合いで、借主から貸主に預けられることが多いといえます。契約によっては建設協力金的な性格のものもあり、その性格は個別に判断する必要がありますが、いずれにして

も借家権の取引対価という意味での授受は極めて少ないといえます。

　ただし、繁華街の店舗をはじめ、ごく一部で借家権の売買が行われるケースもあり得ます。不動産鑑定評価基準では、このようなケースを考慮したためか、借家権の取引慣行がある場合の鑑定評価の手法を最初に規定しています。すなわち、借家権の取引慣行がある場合には、以下の手法を用いるとしています。

　　①　比準価格を標準とする。
　　②　自用の建物及びその敷地の価格から貸家及びその敷地の価格を控除
　　　　し、所要の調整を行って得た価格を比較考量して決定するものとする。借
　　　　家権割合が求められる場合には、これにより求めた価格も比較考量する。

　なお、この手法が適用可能な場合でも、借家権の取引は極めて個別性が強いことから、比準価格を求める際には個別の事情を分析して比較しなければ適切とはいえません。しかし、実際問題として、事例の内容を詳細に把握することが困難なケースの方がむしろ多いと思われます。

　また、自用の建物及びその敷地の価格から貸家及びその敷地の価格を控除して求める方法では、その差額が借家権の価格を構成するという考え方が適用されます。しかし、この場合でも、差額のすべてが借家権の価格となるわけではなく、これを貸主、借主に適正に配分すべきことに留意する必要があります。その理由は、形式的には不動産鑑定評価基準に「所要の調整を行って得た価格」と規定されていることによりますが、その根底には当該差額が建物の所有と利用という2つの側面から生じたものであるという考え方が存在しているものと推察されます。

３ 借家権の価格

　不動産鑑定評価基準では、借家権の価格について、次のように規定しています（下線は筆者による）。

● **不動産鑑定評価基準**

　さらに、借家権の価格といわれているものには、賃貸人から建物の明渡しの
要求を受け、借家人が不随意の立退きに伴い事実上喪失することとなる経済的
利益等、賃貸人との関係において個別的な形をとって具体に現れるものがある。
この場合における借家権の鑑定評価額は、当該建物及びその敷地と同程度の
代替建物等の賃借の際に必要とされる新規の実際支払賃料と現在の実際支払
賃料との差額の一定期間に相当する額に賃料の前払的性格を有する一時金の
額等を加えた額並びに自用の建物及びその敷地の価格から貸家及びその敷地
の価格を控除し、所要の調整を行って得た価格を関連づけて決定するものとす
る。この場合において当事者間の個別的事情を考慮するものとする（以下省略）。

（各論第 1 章第 3 節Ⅲ）

【考え方】

　借家権の価格は、借家権の取引に伴って価格が生じるのではなく、立退
補償的な意味合いで用いられる場合がほとんどです。ここで述べられている
考え方は、平成 2 年改正時に新たに織り込まれ、現行の不動産鑑定評価基
準に引き継がれているものです。その背景には、すでに述べたとおり、借
家権の取引慣行は成熟しておらず、現実にその価格が問題とされるのは賃
貸人から建物の明渡しの要求を受け、借家人が不随意の立退きに伴い事実
上喪失することとなる経済的利益等の補償が求められる場合が圧倒的に多い
からです。その意味で、不動産鑑定評価基準ではあえて「借家権の価格と
いわれているものには……」という表現をしているものと推察されます。

　この場合の鑑定評価の手法について、不動産鑑定評価基準では、

① 　当該建物及びその敷地と同程度の代替建物等の賃借の際に必要とさ
　　れる新規の実際支払賃料と現在の実際支払賃料との差額の一定期間に
　　相当する額に賃料の前払的性格を有する一時金の額等を加えた額

② 自用の建物及びその敷地の価格から貸家及びその敷地の価格を控除
し、所要の調整を行って得た価格

を関連づけて鑑定評価額を決定するものとしています。また、この場合、当事者間の個別的事情を考慮するものとしています。

ちなみに、①の考え方は、公共用地の取得に伴う損失補償基準における借家人補償の算定方式です。すでに述べた「借家権の取引慣行がある場合」という考え方は、当該損失補償基準では借家権補償に該当します。

また、当該損失補償基準における借家人補償では、借家人が喪失する経済的利益等の客観的な算定が困難であることから、代替建物等を賃借するために必要とされる家賃の差額の一定期間分と賃料の前払的性格を有する一時金の額等（仲介業者への手数料も含む）をもって補償することとされています。

チェックポイント

1. 借地借家法は土地や建物の用途に関係なく適用されますが、建物の場合、借家権が取引される慣行はほとんど形成されていません。

2. 不動産鑑定評価基準では、借家権の鑑定評価に当たり、その手法を借家権の取引慣行のある場合とない場合とに分けて規定しています。

3. 現実に借家権の価格が問題とされるケースは、借家権の取引慣行はないものの、賃貸人から建物の明渡しの要求を受け、借家人が不随意の立退きを余儀なくされる場合です。その意味では、借家権の価格は立退補償的な性格を帯びているといってよいでしょう。

3-2 借家権価格（借家権価格の試算例）

Q 借家権価格の試算例を紹介してください。

A 借家権価格の試算の結果、複数の手法で求めた価格相互の間にかなりの開差が生ずることがしばしばあります。以下に紹介するケースも例外ではありません。

解説

　以下の試算例は、筆者の判断も一部に取り入れたものとなっている点をご了承ください。実際には、不動産鑑定評価基準の各手法に則って作業を実施していますが、ここでは試算結果の要約のみを掲げておきます。

【対象不動産】（契約書の表示）
　〇〇市〇〇町〇丁目〇番〇所在　鉄骨造亜鉛メッキ鋼板葺平家建　集会所
　床面積：250㎡　　目的：集会所
　契約期間　平成〇〇年〇月〇日から令和〇年〇月〇日まで（5年間）
　現行賃料　月額280,000円（消費税別途）　管理費・共益費なし
　敷金　840,000円（賃料の3ヶ月）

【借家権価格の試算】
　本件建物（敷地を含む）につき、以下の3手法により借家権価格の試算を行いました。

1．当該建物及びその敷地と同程度の代替建物等の賃借の際に必要とされる新規の実際支払賃料と現在の実際支払賃料との差額の一定期間に相当する額に賃料の前払的性格を有する一時金の額等を加えた額（以下、「賃料差額法」という場合はこの手法を指す）

〈考え方〉

新規支払賃料[※1]　現行支払賃料[※2]　　年額　　　　一定期間[※3]　保証金（敷金）[※4]

（340,000円／月－280,000円／月）×12月×2年間（現在価値を算定）＋1,020,000円

	賃料差額（年）	複利現価率[※5]	現在価値
1年目期末	720,000円	0.952381	685,714円
2年目期末	720,000円	0.907030	653,062円
差額賃料（2年間）の現在価値計			1,338,776円
保証金（敷金）			1,020,000円
合計			2,358,776円 ≒2,360,000円

（試算価格①）

（※1）　代替建物の新規支払賃料水準を近隣及び周辺地域の賃貸物件の募集事例を参考に査定しました。賃料は消費税を除きます。

（※2）　消費税を除きます。

（※3）　「公共用地の取得に伴う損失補償基準」別表第5　家賃差補償年数表（第18関係）によれば2年分の差額を補填することが一般的であり、本件試算もこれを参考にしました。

（※4）　新規賃料の3ヶ月分（周辺相場）

（※5）　割引率を5％とした場合の複利現価率です。

2．自用の建物及びその敷地の価格から貸家及びその敷地の価格を控除し、所要の調整を行って得た価格（以下、「控除法」という場合はこの手法を指す）

（1）自用の建物及びその敷地の価格

　○前提

　・所有者自らが即時に使用可能な状態を想定した場合の価格を求めます。

　・建物面積は契約書記載の数量（250㎡）によります。

　・敷地面積は契約書に明記されていませんが、建物の使用に必要な範囲（510㎡）と査定しました。

　○自用の建物及びその敷地の価格

　　70,000,000円（内訳：土地56,900,000円、建物：13,100,000円）（過程省略）

　　なお、下記3の借家権割合による価格を求める際の土地建物価格もこれを用います。

（2）貸家及びその敷地の価格

〇前提
・現行契約条件の下で借家人が使用中の状態における価格を求めます。
・建物賃貸により生ずる純収益を査定する際の総費用に関しては、所有者からの聴取の結果、本件契約開始後、公租公課以外に格別の実績は生じていないことを確認したため、これを所与として収益還元法による価格を求めます。

〇貸家及びその敷地の価格
　47,800,000円（土地建物一体）（過程省略）

（3）自用の建物及びその敷地の価格から貸家及びその敷地の価格を控除し、所要の調整を行って得た価格

自用の建物及びその敷地の価格	70,000,000円
貸家及びその敷地の価格	47,800,000円
差引後	22,200,000円
賃貸人帰属分（差額×1／2）	11,100,000円
借家人帰属分（差額×1／2）	11,100,000円　←　所要の調整を行って得た価格

（試算価格②）

3．借家権割合による価格（以下、「割合法」という場合はこの手法を指す）

土地価格　56,900,000円×50%（借地権割合）×30%（借家権割合）＝8,535,000円
建物価格　　13,100,000円×30%（借家権割合）　　　　　＝3,930,000円
　　　　　　合計　　　　　　　　　　　　　　　　　　12,465,000円
　　　　　　　　　　　　　　　　　　　　　　　　　≒12,500,000円
　　　　　　　　　　　　　　　　　　　　　　　（試算価格③）

【試算結果の分析と借家権価格の決定】

　以上のとおり、3つの手法を用いて借家権価格の試算を行いましたが、賃料差額法と控除法及び割合法による価格相互間には大幅な開差が生じました。

1．賃料差額法による価格　　　2,360,000円
2．控除法による価格　　　　11,100,000円
3．割合法による価格　　　　12,500,000円

　以下、各々の価格の性格及び特徴を比較検討の上、借家権価格を決定します。

1．賃料差額法による価格

　一般市場において借家権の取引慣行が形成されているケースは極めて稀であり、借家権の価格が顕在化するのは、借家人が賃貸人から建物の明渡しの要求を受けて不随意の立退きを迫られ、これに伴い事実上喪失することとなる経済的利益が問題とされるケースがほとんどです。

　賃料差額法は公共用地の買収等による損失補償基準の考え方を取り入れた手法であり、借家人の転居によって生ずる家賃の負担増を一定期間だけ補償し、費用を補填するという点に特徴を有しています。その意味で、借家権価格を求める手法として採り入れられてはいるものの、権利の価格という色彩は弱く、以下に掲げる控除法や割合法が土地建物の価格面から借家人の経済的利益（経済価値）にアプローチしている点と比べて考え方の基礎は異なっているといえます。賃料差額法による結果と控除法や割合法による結果との間に大幅な開差が生じた要因はこの点に帰着するものと思われます。

2．控除法による価格

　賃貸中の建物及び敷地につき、実際に得られている賃料に見合う元本価格（＝貸家及びその敷地の価格）が自用を前提とする場合の価格（＝自用の建物及びその敷地の価格）を下回る場合、賃貸人及び借家人には次の点から利益・不利益が生じているといえます。

　○賃貸人

　　賃貸人は対象不動産の経済価値に見合う収益を得ることができないこと。

　○借家人

　　借家人には賃料の如何にかかわらず、借地借家法に保護された継続的利用が保障されていること。

　これらの衡平を図る観点から、差額を賃貸人と借家人で折半する考え方が成り立つといえます。

3．割合法による価格

　割合法は財産評価基本通達に規定されている手法であり、借家権価格を簡便的に求めるという点では実務に適用しやすいのですが、借家権割合を実証的に把握するためにはその取引慣行が形成されていることが前提となります。また、この手法は契約後の経過期間の長短にかかわらず、一定割合を乗ずることにより借家権価格が求められる点に問題が残ります。

4．本件借家権価格の決定

　以上の検討結果に加え、

　①借家権の価格は長期にわたる賃貸借期間を経て顕在化する傾向が強いこと

　②本件の場合は契約後の経過期間が短いこと
から費用の補填面を中心にアプローチした賃料差額法による結果を重視する
（ウェイト付け70％）とともに、借家人に生じている経済的利益という側面も軽視
できない点を考慮の上、控除法による結果（ウェイト付け30％）も加味して、本
件借家権価格を4,980,000円と決定しました。なお、割合法による結果は上記
理由により参考程度にとどめました。

チェックポイント

1. 借家権価格の評価においては、試算された価格間に大幅な開差が生
　ずることが多くあります。このような場合、単純に平均して鑑定評価額
　を求めることは無意味な結果となります。

2. 借家権価格の評価に当たっては、適用した各手法の性格や特徴を案
　件に当てはめ、実態を反映する手法の優劣を判断して最終的な結論を
　導くことが重要です。

3-3 借家権価格（借家権価格をめぐる様々なとらえ方）

Q 借家権価格に関しては従来から様々なとらえ方があり、鑑定評価上も課題が多く残されていますが、借家権価格の本質はどのようなところにあるのでしょうか。

A 借家権はそのほとんどが市場取引の対象とならず、貸主からの建物の明渡し要望の際に初めて顕在化するところに本質があります。

解説

1 借家権の経済的意味

借家権とは、社会的には生業の場あるいは生活の場である建物についての借家人の権利を意味します。これを経済的にとらえた場合、借家契約の継続により享受することのできる借家人の経済的利益ということになり、特定の立地条件における建物の賃借に伴う経済的利益も含みます。そして、これは建物の明渡し（立退き）の際に初めて顕在化する借家人の権利利益であり、それまでは全く目に見えない存在であるといえます。

2 借家権の評価手法

借家権価格の発生は、長期にわたる契約期間の経過が基礎となっており、しかも現行賃料が周辺の賃料と比較して大幅に低いという状況が背景に存することが一般的です。

このような事情が不動産鑑定評価基準にも反映され、各論第1章第3節

Ⅲに借家権価格の鑑定評価の手法の一つとして、「当該建物及びその敷地と同程度の代替建物等の賃借の際に必要とされる新規の実際支払賃料と現在の実際支払賃料との差額の一定期間に相当する額に賃料の前払的性格を有する一時金の額等を加えた額」が規定されています。この方式は、公共用地の取得に伴う損失補償基準の借家人補償の算定方式であり、実務においても多く適用されています。ただし、移転先までの引越費用や新規建物の借り受けに当たっての仲介手数料は借家権価格を構成する要素ではないため、鑑定評価では考慮外としています。

借家権価格を求める次の手法として、不動産鑑定評価基準では、「自用の建物及びその敷地の価格から貸家及びその敷地の価格を控除し、所要の調整を行って得た価格」も試算価格の一つとして取り上げています。ここでは、「自用の建物及びその敷地の価格から貸家及びその敷地の価格を控除」した差額を、賃貸人と賃借人との間にどのように配分すべきかが課題となります。すなわち、その差額を賃借人だけに帰属させるべきか、賃貸人と賃借人に按分して帰属すべきかという問題です。これに関しては議論があるため、契約の経緯等の個別的な事情を踏まえて検討する必要があります。

また、このような差額控除方式を適用する際、借家人は当該建物の属する土地につき当然に使用収益権を有するものの、その範囲は、当該建物を決められた用法に従って使用する範囲に限定されていることにも留意が必要です。その範囲のとらえ方によっても、借家権の試算価格は異なります。

さらに、不動産鑑定評価基準には直接規定されていない手法ですが、財産評価基本通達には当該建物及びその敷地の価格に近隣における借家権割合を乗じて借家権価格を求めるという簡便的な方法もあります。この手法は、しばしば判例でも取り上げられていますが、その特徴として、個別性の強い借家権について画一的な割合を用いて価格を求めるという点が指摘されています。ただし、借家権の取引慣行は形成されておらず、その割合を実証的に把握するのは困難であるという問題もあります。加えて、契約後

の経過年数の浅い物件に関しても、経過年数の長い物件と差異なく価格が求められてしまう点に留意しなければなりません。

財産評価基本通達

（借家権の評価）

94　借家権の価額は、次の算式により計算した価額によって評価する。ただし、この権利が権利金等の名称をもって取引される慣行のない地域にあるものについては、評価しない。（昭41直資3-19・平11課評2-12外・平16課評2-7外改正）

$$89《家屋の評価》、89-2《文化財建造物である家屋の評価》又は92《附属設備等の評価》の定めにより評価したその借家権の目的となっている家屋の価額 \times 借家権割合 \times 賃貸割合$$

上記算式における「借家権割合」及び「賃借割合」は、それぞれ次による。

（1）「借家権割合」は、国税局長の定める割合による。

（2）「賃借割合」は、次の算式により計算した割合による。

$$\frac{Aのうち賃借している各独立部分の床面積の合計}{当該家屋の各独立部分の床面積の合計（A）}$$

---

3 借家権の評価上の留意点

筆者が特に記しておきたい借家権の評価上の留意点は、鑑定評価において求めるべきは借家権の価格であり、それは権利の価格を求めようとするものであるという点です。一方、公共用地の取得に伴う損失補償基準では、借家人に対する費用の補填を行うことを前提に規定が置かれています。これらの考え方の基礎は異なっている点に留意が必要です。

　そのため、両者の手法を適用した結果、大幅な乖離が生ずることもあり、このような場合、いかに根拠付けを行って最終的な結論を導くかが大きな分岐点となります。

4　借家権価格と立退料の相違点

　借家権価格がそのまま立退料となるわけではない点にも留意する必要があります。立退料は、借地借家法第28条をもとに、賃貸人と賃借人双方の建物使用の必要性、借家に関する従前の経緯、建物の利用状況及び建物の現況を合わせて総合的に判断されます。そのため、借家権価格以外の立退料の算定も必要となりますが、本書では詳細は割愛します。

チェックポイント

1. 借家権価格は建物の明渡しの際に初めて顕在化する借家人の権利利益であり、それまでは全く目に見えない存在です。

2. 借家権価格の発生は、長期にわたる契約期間の経過が基礎となっています。しかも、現行賃料が周辺の賃料と比較して大幅に低いという状況が一般的です。

3. 借家権の評価に当たっては、「自用の建物及びその敷地の価格から貸家及びその敷地の価格を控除」した差額を賃貸人と賃借人との間にどのように配分すべきかが課題となります。

4. 財産評価基本通達に規定されている「当該建物及びその敷地の価格に近隣における借家権割合を乗じて借家権価格を求める方法」は、契約後の経過年数の浅い物件に関しても、経過年数の長い物件と差異なく価格が求められてしまう点に留意する必要があります。

5. 借家権価格 ＝ 立退料となるわけではなく、立退料には借家権価格にはない要素も含まれます（動産移転料、通学の問題等）。

4 定期建物賃貸借契約書の一例

Q
- 定期借家契約には、どのような特徴がありますか。
- 定期建物賃貸借契約書は、鑑定評価の際、どのような点に留意して確認すべきでしょうか。

A
定期借家契約の場合、期間満了とともに貸主の正当事由の有無にかかわらず確実に契約が終了するという特徴があります。ただし、契約締結前の貸主による事前説明など、成立には一定の要件があることに留意が必要です。

解説

1 定期借家契約の特徴

定期借家契約（定期建物賃貸借契約）は、通常の建物賃貸借契約とは異なり、期間が満了すれば貸主の正当事由の有無に関係なく契約が終了するものです。それゆえに、通常の建物賃貸借契約にはみられない次の特徴があります。

（1）書面による契約の必要性

定期建物賃貸借契約を成立させるためには、書面の作成が必要となります。一般的には、契約自体は口頭でも成立するため、契約書なしでの建物賃貸借契約もなかには存在しますが、後日のトラブル防止のために契約書を作成しておくことが多いといえます。

　一方、定期建物賃貸借契約の場合、<u>公正証書等の書面</u>を作成することが成立の要件とされています。その書面は必ずしも公正証書である必要はありませんが、書面なしでの契約は認められていません（借地借家法第38条第1項）。

（2）契約締結前の事前説明の必要性

　書面による契約だけでなく、貸主は借主に対し事前に書面を交付して、当該契約は更新がなく、期間満了とともに終了する旨を説明しなければなりません。

　このことは、借地借家法（第38条第2項）が、定期建物賃貸借をしようとする場合、建物の賃貸人は、賃借人となろうとする者に対し、当該賃貸借契約は更新がなく、期間の満了により確定的に終了することを明確に認識させるため、その旨を記載した書面（説明書面）を交付して説明しなければならない旨規定していることからも明らかです。そして、これがない場合には、契約の更新がないこととする旨の定めは無効（すなわち定期建物賃貸借としての効力は認められない）としている点に留意が必要です（同法第38条第3項）。

❷ 定期建物賃貸借契約書の例

　以下、倉庫としての使用を目的とする定期建物賃貸借契約書の例を示します。

定期建物賃貸借契約書　（例）

（1）　契約者名

貸　　　主	○○○○
借　　　主	○○○○

（2）賃貸借予定の目的物

名　　　　称	○○○○
所　在　地	○○県○○市○○町○○○番地
土 地（地 積）	○○,○○○㎡（○,○○○坪） 建物の使用に必要な範囲とする（別添図面（省略）参照）。
建 物（構 造）	鉄骨造亜鉛メッキ鋼板葺平家建倉庫　○○,○○○.○○㎡
そ　の　他	上記範囲の土地に付帯する構築物一式を含む。

（3）賃料等及び支払い方法

賃料等	賃　　　料	月額金　○,○○○,○○○円也
	共　益　費	月額金　　　○○○,○○○円也（緑地維持管理費等）
	消　費　税	月額金　　　○○○,○○○円也
保　証　金		金　　　○○,○○○,○○○円也（月額賃料の○○ヶ月分相当額）
賃料等の支払方法		翌月分を毎月末日までに下記銀行口座に振り込みの方法で支払う。（金融機関非営業日の場合は、翌日とする。）
保証金の支払方法		賃貸借開始日（令和○年○○月○○日）に全額を預託する。
賃 料 等 及 び 保 証 金 の 支 払 先		○○銀行　本店 当座預金　NO.○○○○○○○ 名　義　　○○○○

（4）賃料等以外の条件

契　約　期　間	令和○年○○月○○日から令和○年○○月○○日までの5年間
契約終了通知期間	貸主は借主に対し、期間満了の1年前から6ヶ月前までにその旨を通知しなければならない。借主は上記契約期間内は中途解約ができない。
建 物 の 用 途	倉庫
特　　　　約	本契約の期間満了後、貸主が新たな賃貸借契約を締結する場合、現借主を優先的に契約候補先として交渉するものとする。

　貸主（以下「甲」という。）及び借主（以下「乙」という。）は、頭書（2）に記載する賃貸借の目的物（以下「本物件」という。）について、以下の条項により、借地借家法（以下「法」という。）第38条に規定する定期建物賃貸借契約（以下「本契約」という。）を締結した。

（契約期間）

第1条　本契約の契約期間は頭書（4）に記載するとおりとし、甲は契約期間の始期までに　本物件を乙に引渡すものとする。

２．本契約は、法第38条第１項に定める定期建物賃貸借とし、契約の更新がなく、期間の満了により本契約は終了するものとする。

（使用目的）
第２条　乙は、本物件を倉庫以外の目的に使用してはならない。

（設置物件）
第３条　乙は、第２条に定める本物件の使用目的遂行のため、甲が認める場合には、本物件内に乙所有にかかる物件（以下「乙所有物件」という。）を設置することができる。
２．乙は、乙所有物件の設置に際しては、事前に設計仕様書・図書及びその他甲が必要と認める関係書類を甲に提出し、甲の書面による承諾を受けた後、自己の費用と責任においてこれを設置するものとする。
３．乙は、乙所有物件の設置が完了した時は、速やかにその旨を甲に対し書面をもって報告しなければならない。

（賃料等）
第４条　乙は頭書（３）の記載に従い、賃料、共益費及び消費税（以下「賃料等」という。）を毎月甲に支払わなければならない。
２．前項の支払いに要する振込手数料は乙の負担とする。
３．乙の賃料等の支払義務は、契約期間の開始日より発生するものとする。
４．１ヶ月に満たない期間の賃料は、１ヶ月を30日として日割計算した額とする。

（賃料等の改定）
第５条　甲又は乙は、次の各号の一つに該当する場合には、甲乙協議の上、賃料等を増額又は減額することができる。
　　①　土地又は建物に対する租税その他の変更により賃料等が不相当となった場合
　　②　土地又は建物の価格の変更その他の経済事情の変動により賃料等が不相当となった場合
　　③　近傍同種の建物の賃料が変動し、これに比較して賃料が不相当となった場合

（保証金）
第６条　乙は、賃料等の支払、損害の賠償、その他本契約から生じる債務の担保として、頭書（３）に記載する保証金を甲に預け入れるものとする。ただし、保証金には利息をつけない。
２．賃料の改定により甲が保証金の増額を必要と認めた場合、乙は直ちにその不足額を預託するものとする。

３．乙が本契約に基づく甲に対する債務を履行しないときは、甲は、任意に保証金をもって債務の弁済に充当できる。乙はこの充当による保証金の不足額をただちに補填しなければならない。

４．乙は、本物件を明け渡すまでの間、保証金をもって賃料等その他の本契約に基づく債務と相殺することはできない。

５．乙は、保証金の返還請求権を第三者に譲渡し、又は債務の担保の用に供してはならない。

６．甲は、契約期間終了後、預かり保証金から乙が負担すべき債務を控除した額を速かに乙に返還しなければならない。

（共益費）

第７条　共益費は頭書（３）に記載するとおりとする。

２．１ヶ月に満たない期間の共益費は、１ヶ月を30日として日割計算した額とする。

（遅延損害金）

第８条　乙が、賃料等その他本契約に基づく債務の支払いを遅延したときは、年利14.6％の割合による損害金を甲は乙に請求することができる。

（諸経費の負担）

第９条　乙は、以下の経費等を負担する。

　　①　乙の使用する電気、ガス、上下水道、電話等の公共料金

　　②　乙の要望により設置した器具設備、施設費等の使用料

　　③　自治会費、組合費等

（公租公課）

第10条　本物件に対する固定資産税・都市計画税は、所有者である甲がこれを負担する。

２．本物件の使用にかかる事業所税は、乙がこれを負担するものとする。

（諸規則の遵守等）

第11条　乙は、本物件の使用・管理に当たっては、防災・公害防止・安全衛生・防犯及び環境の整備保全等を行うとともに、関係法令、甲乙協議の上合意した事項、乙の同意した甲の管理規則その他の規則及びこれらに基づく甲の指示、通知を遵守する。

（善管注意義務）

第12条　乙は、本物件を善良なる管理者の注意をもって使用し、公序良俗に反す

る行為をしてはならない。 また、 乙は甲の管理規則等、 本物件の利用に関する前条の諸規定を遵守しなければならない。

（立ち入り）
第13条　甲または甲の指定する者は、 本物件の防火、 構造の保全その他本物件の管理上特に必要があるときは、 あらかじめ乙の承諾を得て、 本物件内に立ち入ることができる。
２．乙は正当な理由がある場合を除き、 前項の規定に基づく甲の立ち入りを拒否することはできない。
３．甲は、 火災による延焼を防止する必要がある場合その他の緊急の必要がある場合においては、 あらかじめ乙の承諾を得ることなく、 本物件に立ち入り、 必要な措置をとることができる。 この場合において、 甲は乙の不在時に立ち入ったときは、 立ち入り後その旨を乙に通知しなければならない。

（本物件により生じた損害の責任と負担）
第14条　乙は、 本物件により生じた損害について、 自己の責任と負担により解決・処理し、 甲に対して一切の損害賠償請求を行わないものとする。

（迷惑行為の禁止と賠償）
第15条　乙または乙の従業員は、 本物件を含む甲所有地内において紛争等双方に迷惑のかかる一切の行為を行わないものとし、 万一乙又は乙の従業員の故意又は過失により紛争等が生じた場合、 乙は自己の責任と負担により解決・処理し、 甲に対して一切の迷惑又は損害を及ぼさない。
２．乙または乙の従業員が、 本物件の使用に関し、 故意又は過失により甲及び第三者に迷惑又は損害を与えた場合は、 自己の責任と負担により解決・処理し、 その賠償の責を負う。

（敷地内における乙所有物件の処分等の制限）
第16条　乙は、 本物件の敷地内における乙所有物件を敷地内に付着した状態で、 第三者に譲渡・貸与又は担保に供してはならない。

（禁止行為）
第17条　乙は、 次の各号に掲げる行為をしてはならない。
　①　本物件の全部又は一部を転貸し、 もしくは本物件の賃借権を譲渡すること
　②　本物件の増築、 改築、 移転、 改造もしくは模様替または本物件の敷地内における工作物の設置
　③　甲の営業・職務の妨害となるような行為

④　爆発性、発火性の恐れのある物品、その他危険もしくは不潔、又は不体裁な物品を本物件内又はその周辺に搬入存置すること。ただし、甲の承諾を得たものを除く。

⑤　吸殻、その他発火又は本物件に汚損の恐れのある紙屑塵芥を、甲の指定する場所以外に捨て、又は放置すること

⑥　その他、甲が本物件の維持管理上、安全、美観、品位の保持等のために禁止を通知した行為

（承諾を必要とする行為）

第18条　乙が次に掲げる行為を行う場合は、事前に甲の書面による承諾を得なければならない。

①　電灯、電力、電話、ガス、水道、その他の配線、配管ならびに器具の新設、増設、変更又は除去、もしくはその容量の変更

②　建物の内部、屋上、周囲又は窓ガラスへの看板、掲示板等の取付け、又は広告、標識、注意書き等の設置、貼付け又は記入

（通知を必要とする行為）

第19条　乙は、本物件を使用するに当たり、次に掲げる事由に変更があった場合は、ただちに甲に通知しなければならない。

①　乙の所在地、代表者名、商号に変更があったとき

②　本物件の使用責任者もしくは契約上重要な事項に変更があったとき

（修　繕）

第20条　末尾負担区分表のとおり、本物件の主要構造部の修繕は甲の負担により実施し、日常の小修繕は乙の負担により実施するものとする。

２．本物件及び諸造作、設備等の破損・故障・損耗（汚れを含む。以下同じ）等による修繕の必要が生じ、または生ずる恐れがあるときは、乙は速やかに甲に通知するものとする。

３．前項の通知により甲が必要と認めた修繕は、甲がその費用を負担して実施する。ただし、乙もしくは乙の要請により甲が施工した造作・設備等の修繕、または乙の責に帰すべき事由により生じた修繕は、乙がその費用を負担する。

４．乙が善良なる管理者の注意を怠るなど、乙の使用方法に起因する諸設備及び本物件内外の造作の故障・破損等についての修復にかかる費用は乙の負担とする。

５．甲が修繕を実施する場合は、甲はあらかじめその旨及び内容、期間等を乙に通知しなければならない。

（契約の解除）

第21条 甲または乙は、相手方が次の各号所定事由のいずれかに該当したときは、相手方に対し事前に催告することなく、直ちに本契約を解除することができる。上記該当した相手方は、甲または乙に対して負う義務について期限の利益を失い、直ちに当該債務を履行しなければならない。

① 解散の決議をしたとき又は事業の全部もしくは重要な一部の譲渡の決議をしたとき

② 手形につき不渡となり、または取引停止処分を受けるなど、支払いの不能又は停止の状態に陥ったとき

③ 仮差押・差押・仮処分もしくは競売その他強制執行の申立、又は破産手続開始、再生手続開始もしくは更生手続開始の申立があったとき、又は特別清算手続に入ったとき

④ 公租公課の滞納処分を受けたとき

2. 甲または乙は、相手方が本契約に違反し、甲または乙が当該違反の是正を催告したにもかかわらず相手方が相当期間内に当該違反を是正しないときは、本契約を解除することができる。

（反社会的勢力の排除）

第22条 （他の一般的な契約書のひな形を参照してください）

（期間内解約）

第23条 甲及び乙は、それぞれの都合により本契約を期間内に解約することはできない。

（賃貸借終了の通知）

第24条 甲は、契約期間の満了による本物件の明渡しを求めようとするときは、期間満了の1年前から6ヶ月前までの間に、乙に対し、期間の満了により本契約が終了する旨を書面にて通知しなければならない。

（契約期間満了による契約の終了）

第25条 前条の通知があったときは、本契約は期間の満了の日に終了する。

（契約終了の通知がない場合）

第26条 甲が通知期間に乙に対し第24条に規定する通知をしなかったときは、甲は乙に対し本契約の終了を主張することができず、乙は契約期間の満了後も本物件を賃借することができるものとする。ただし、甲が通知期間の経過後、乙に対し、期間の満了により本契約が終了する旨の通知をしたときは、その通知の日から6ヶ月を経過した日に本契約は終了する。

（明渡し）

第27条　乙は、本契約が終了する日までに（甲乙が新たな契約を締結する場合及び本物件を本契約終了後乙に譲渡する売買契約を締結する場合を除く。）、又は本契約が解除されたときはただちに、自己の費用負担により、本物件を原状（甲から引き渡された時の状態とする。）に回復し、甲に明け渡さなければならない。但し、通常の使用に伴って生じた損耗である場合及び甲が本物件について原状回復の必要がないと認めた場合には、原状回復義務を負わない。

2．前項の場合において、乙が明渡しを履行しないときは、甲が乙の費用負担により直接又は第三者をして本物件の原状回復を行っても、乙は何等異議を申立てないものとする。

3．第1項の場合、乙は甲に対し、代替地・代替建物又は立退料・損害賠償・造作等買取請求、その他の名目のいかんを問わず、一切の補償又は賠償の請求を行うことができないものとする。

（造作買取請求権等）

第28条　乙は明渡しの際、甲に対してその事由、名目のいかんにかかわらず、本物件の改装・間仕切り・その他の諸造作設備等の買取請求を一切しないものとする。

（契約の効力の消滅）

第29条　天災その他当事者の責めによらない事由により、本物件の全部又は一部が滅失もしくは毀損して本契約の目的を達することが不可能となった場合には、当事者は相手方に書面で通知することにより、本契約を終了させることができる。

2．前項により甲又は乙が被った損害については、各相手方はその責を負わないものとする。

（合意管轄裁判所）

第30条　本契約について紛争が生じたときは、本物件の所在地を管轄する裁判所を第一審の管轄裁判所とする。

（規定外事項等）

第31条　本契約に定めのない事項及び解釈に疑義の生じた事項については、民法その他の法令及び慣行に従い、甲乙が誠意をもって協議し、解決するものとする。

　本契約の成立を証するため、本書2通を作成し、甲乙各1通を保管する。

令和○年○○月○○日

（甲）　住所
　　　　氏名

（乙）　住所
　　　　氏名

〈建物補修に関する負担区分表〉

負担区分	具体例
甲	①舗装 ②全体的な壁の塗り替え ③全体的な天井・壁・床の張り替え ④給排水設備の修理 ⑤消火・火災警報設備の修理 ⑥照明設備の修理 ⑦空調設備の修理 ⑧その他建物本体に係わる設備の修理
乙	①窓ガラスの取り替え ②電灯の取り替え ③ドア、間仕切り等の修理 ④什器備品の修理 ⑤その他日常使用に伴う小修理

３ 契約書を読む際の留意点

　前記の定期建物賃貸借契約書（例）は、次の点に留意する必要があります。

① 　頭書（４）「契約終了通知期間」との関連

　契約終了通知期間は、借地借家法では期間満了の１年前から６ヶ月前までと定められています。賃貸人が賃借人に対し、この期間内に通知をしなければ契約期間満了と同時に賃貸借契約を終了させることはできません（借地借家法第38条第２項）。

② 　第１条第２項との関連

　本件が定期建物賃貸借契約であることの趣旨が、ここに記載されています。

③　第5条との関連

　定期建物賃貸借契約の場合、 当事者間の特約により契約期間中の賃料は一切変更しない旨を定めることも可能です。 ただし、 本件契約ではこのような特約は設けていません。

④　第23条との関連

　定期建物賃貸借契約の目的が居住用ではなく本件のような事業用である場合、 契約書のなかに中途解約を認める特約がない限り、 賃借人からの解約申入れはできません。 もちろん、 期間が定められている以上、 賃貸人からの中途解約もできないことになります。 本契約では、 中途解約の特約は設けられておらず、 むしろ期間内は双方からの中途解約はできない旨が規定されています。

⑤　第26条との関連

　終了通知を期間内に発しなかった場合の取扱いを定めています。 このような場合、 通知を発した時点から 6 ヶ月後に契約が終了することになります。

チェックポイント

1. 定期建物賃貸借契約では、 通常の建物賃貸借契約とは異なり、 期間が満了すれば貸主の正当事由の有無に関係なく契約が終了します。

2. 定期建物賃貸借契約の成立に当たっては、 書面による契約が必要となるだけでなく、 貸主は借主に対し事前に書面を交付して、 当該契約は更新がなく、 期間満了とともに終了する旨を説明しておくことが必要です。 このような観点から、 鑑定評価に当たっては、 一連の書類に目を通すことが望まれます。

3. 賃貸人からの契約終了通知期間は期間満了の 1 年前から 6 ヶ月前までと定められています。

4. 賃貸人が賃借人に対し、 この期間内に通知をしなければ期間満了と同時に契約は終了とならない点に注意が必要です。

■著者紹介

黒沢　泰（くろさわ・ひろし）

昭和25年、埼玉県生まれ。昭和49年、早稲田大学政治経済学部経済学科卒業。
同年、NKK（日本鋼管株式会社）入社。平成元年、日本鋼管不動産株式会社出向（後に株式会社エヌケーエフへ商号変更）。平成16年、川崎製鉄株式会社との合併に伴い、4月1日付で系列のJFEライフ株式会社へ移籍。現在、JFEライフ株式会社不動産本部・部長、不動産鑑定士。

【役職等】 不動産鑑定士資格取得後研修担当講師（財団の鑑定評価、現在）、不動産鑑定士実務修習修了考査委員（現在）、不動産鑑定士実務修習担当講師（行政法規総論、現在）、公益社団法人日本不動産鑑定士協会連合会調査研究委員会判例等研究委員会小委員長（現在）、公益社団法人日本不動産鑑定士協会連合会「相続専門性研修」担当講師（現在）

【主著】 『土地の時価評価の実務』（平成12年6月）、『固定資産税と時価評価の実務Q&A』（平成27年3月）、『税理士を悩ませる財産評価の算定と税務の要点』（平成29年10月）、『実務につながる地代・家賃の判断と評価』（平成30年9月）、『基準の行間を読む不動産評価実務の判断と留意点』（令和元年8月）、『記載例でわかる　不動産鑑定評価書を読みこなすための基礎知識』（令和2年11月、以上清文社）、『新版逐条詳解・不動産鑑定評価基準』（平成27年6月）、『新版私道の調査・評価と法律・税務』（平成27年10月）、『すぐに使える不動産契約書式例60選』（平成29年7月）、『雑種地の評価―裁決事例・裁判例から読み取る雑種地評価の留意点』（平成30年12月）、『共有不動産の鑑定評価』（令和2年9月）、『新版不動産の取引と評価のための物件調査ハンドブック』（令和3年4月）、『相続財産の税務評価と鑑定評価　土地・建物の評価において《特別の事情》の認否が争点となった重要裁決例・裁判例』（令和3年8月、以上プログレス）、『事例でわかる不動産鑑定の物件調査Q&A（第2版）』（平成25年3月）、『不動産鑑定実務ハンドブック』（平成26年7月、以上中央経済社）、『まるごと知りたい不動産鑑定士』（令和3年11月、税理経理協会）ほか多数。

土地利用権における鑑定評価の実務Q&A

2021年12月20日　発行

著　者　　黒沢　泰 ©

発行者　　小泉　定裕

発行所　　株式会社 清文社

東京都千代田区内神田1-6-6（MIFビル）
〒101-0047　電話 03(6273)7946　FAX 03(3518)0299
大阪市北区天神橋2丁目北2-6（大和南森町ビル）
〒530-0041　電話 06(6135)4050　FAX 06(6135)4059
URL　https://www.skattsei.co.jp/

印刷：亜細亜印刷㈱

■著作権法により無断複写複製は禁止されています。落丁本・乱丁本はお取り替えします。
■本書の内容に関するお問い合わせは編集部までFAX（03-3518-8864）またはedit-e@skattsei.co.jpでお願いします。
■本書の追録情報等は、当社ホームページ（https://www.skattsei.co.jp/）をご覧ください。

ISBN978-4-433-77461-5